Absolute Beginners
Skateboard Streetstyle Book

Holger von Krosigk, geb. 1974 in Hamburg, wurde Ende der achtziger Jahre Opfer des letzten großen Skateboard-Booms. Angeregt durch den Film „Back to the Future", kaufte er sich im Sommer 1988 sein erstes richtiges Skateboard. Schon wenige Jahre später interessierten sich die ersten Sponsoren für ihn und er wurde fortan zu einem der prägenden Gesichter der deutschen Skateboard-Szene. Heute zählt der in Mainz wohnende Student zu den besten Fahrern in Europa, sein Skatestil ist innovativ und technisch ausgereift. Neben Skateboarding und dem Studium der Amerikanistik arbeitet er als freier Journalist.

Helge Tscharn fotografiert seit fast zwanzig Jahren regelmäßig für Skateboard- und Musikmagazine. Besonders seine Skateboardfotografie ist in Europa einzigartig und macht ihn weltweit zu einem der bekanntesten und einflußreichsten Fotografen in diesem Bereich. Dadurch, daß er selber jahrelang aktiv skatete, gelingt es ihm wie kaum einem anderen, sich in die Fahrer hineinzuversetzen und die atemberaubenden Tricks im entscheidenden Moment festzuhalten. Er lebt in Köln und ist Photo Editor des Monster Skateboard Magazine.

cc/9

AB SO LU TE

Skateboard

Streetstyle Book

BEGINNERS

Monster Verlag
Tropen Verlag

Holger von Krosigk
Helge Tscharn

EXP

Vorwort

„I am my experiences and my experiences are me.“
Ralph Ellison, Invisible Man

Wenn mich heute jemand fragt, wie lange ich schon Skateboard fahre, dann antworte ich „zwölf Jahre“. Oft rufe ich damit Erstaunen hervor, weil es meist Anfänger sind, die mich das fragen. Nicht selten sind sie ungefähr in dem Alter, in dem ich selbst angefangen habe. Zwölf Jahre sage ich deswegen, weil ich im Sommer 1988 ein Paket bekam, in dem sich ein blaues Tony Hawk Board mit Zubehör und ein Monster Magazin befanden. Für mich war das der Tag null, der Beginn einer neuen Zeitrechnung.

Daß ich erst seit zwölf Jahren Skateboard fahre, stimmt nicht ganz. Eigentlich hatte ich schon immer ein Skateboard, zumindest so lange ich denken kann. Mein großer Bruder besaß ein Skateboard, und meist war ich derjenige, der es benutzte. Und im Urlaub war das Skateboard stets Teil meines Gepäcks. So kam das kleine Plastikboard unter anderem in den Genuß, die DDR vor dem Fall der Mauer zu sehen oder ein paar bergige Straßen in der Schweiz herunterzufahren.

Aber erst ab jenem Sommer 1988 nannte ich mich „Skater“. Obwohl das zunächst nicht viel an der Sache änderte. Mit der Zeit aber füllte ich den Begriff mit Tricks, Begriffen und all den kleinen Dingen, die ich in Zeitschriften las oder von anderen Skatern lernte. Ich verbrachte immer mehr Zeit beim Skaten draußen auf der Straße. Nach und nach trat ich aus Sportvereinen aus, hörte auf, Fußball, Tischtennis und zuletzt Handball zu spielen. Dann kamen Videos, Reisen, Wettbewerbe, und ich lernte andere Skater kennen. Einige sind bis heute meine Freunde geblieben. Ich dacht damals nie viel darüber nach. Skaten gehörte einfach dazu. Während sich viele Dinge in meinem Leben änderten, war Skateboarding eine Konstante. Es blieb so selbstverständlich wie in der Kindheit.

Oft unterschätzt man die Dinge, die immer da sind. Was wäre anders ohne Skaten? Was wäre passiert, wenn ich nie angefangen hätte? Vor einigen Jahren habe ich mir diese Fragen oft gestellt. Wer will sich schon nur über eine Sache definieren lassen? Man ist schließlich, wer man ist. Skateboarding aus meinem Leben auszuklammern schien eine einfache Gleichung: Ich – Skateboard = X.

Heute weiß ich, daß diese Gleichung nicht aufgeht. Es gibt die Variable X nicht, weil man aus seiner Persönlichkeit nichts ausklammern kann. Es wäre eine Lebensaufgabe, alle Anekdoten aufzuschreiben, die ich beim Skaten erlebt habe. Ich habe die schrägsten Menschen kennengelernt und die wunderbarsten. Ich habe Freundschaften geschlossen, meine Knie aufgeschürft und wegen Matt Hensley meine hohen Airwalk-Schuhe mit einer Schere abgeschnitten. Skateboarding war die Schule, auf der ich Dinge gelernt habe, die ich nirgendwo anders hätte lernen können.

Viele jüngere Skater, denen ich sage, ich fahre seit zwölf Jahren, müssen darüber lachen, weil sie feststellen, daß ich fast so lange Skateboard fahre wie sie auf der Welt sind. Wenn ich sagen würde, daß ich ja eigentlich immer schon skate, würden sie mich vielleicht für verrückt halten.

S T
R E
E T

Holger von Krosigk

Einleitung

„Skateboard history is being written on the streets at this very moment.“
James Davis, Skateboard Roadmap

Vielleicht fragt sich so manch einer beim Lesen dieses Buches, wo denn das Kapitel über die Geschichte des Skateboarding ist. In der Tat, es gibt keins. Dieses Buch enthält Essays über die verschiedensten Aspekte des Skatens, aber keine Chronik seiner Entwicklung. Natürlich komme ich nicht umhin, einige Dinge beim Namen zu nennen. Ich spreche nicht über den Ollie, ohne dabei Alan Gelfand oder die Erfindung des Griptapes zu erwähnen. Das sind Meilensteine, die Skateboarding zu dem gemacht haben, was es heute ist. Aber Geschichte zu schreiben hat einen unangenehmen Beigeschmack. Man tut das gewöhnlich dann, wenn man von dem Stoff, den man behandelt, Abstand genommen hat. Aber Skateboarding lebt und drückt heute das gleiche aus wie schon vor 20 Jahren. Es gibt ein paar Fakten, aber keine offizielle Geschichte des Skateboarding. Denn, wie es James Davis ausdrückt, Tag für Tag schreiben wir sie draußen auf den Straßen neu.

Skateboarding muß immer von zwei Seiten betrachtet werden, die untrennbar miteinander verbunden sind. Auf der einen Seite der Sport: mit seinen komplizierten Tricks, Bewegungen und dem sich ständig ändernden Material. Aber Skateboarding ist zugleich mit einer bestimmten Einstellung verbunden. Ohne den richtigen „Spirit“ wäre Skaten nicht anders als die vielen Trendsportarten, die heute „hip“ sind und nach kurzer Zeit in Vergessenheit geraten. Beide Seiten sind wichtig, um Skateboarding richtig zu verstehen; sowohl wenn man es selber lernen möchte als auch wenn man sich lediglich darüber informieren will.

Vielleicht ist es beim Lesen dieses Buches so wie beim Skaten. Eigentlich will man nur die Tricks lernen. Alles andere schnappt man nebenbei auf. Irgendwann verknüpfen sich beide Seiten und machen auf einmal Sinn. Skateboarding ist kein elitärer Sport für einen kleinen Kreis von Auserwählten. Aber ohne die richtige Einstellung kann man schnell die Lust verlieren. Im Vordergrund sollte immer der Spaß an der Sache und das gemeinsame Skaten stehen. Wer Skateboarding nur durch intensives Training lernen will, hat einen schweren Stand. Man macht immer wieder Rückschritte und verlernt Tricks, die man vor einiger Zeit noch konnte. Das geht selbst Profis so. Wirkliche Fortschritte macht man oft nebenbei, und nach ein paar Jahren merkt man plötzlich, daß man eigentlich doch ziemlich gut geworden ist. Ich möchte Anfänger und Interessierte an Skateboarding heranführen und etwas von dem Gefühl vermitteln, das Skater so lange bei der Stange hält.

Skater fühlen sich in der Öffentlichkeit oft mißverstanden, weil viele Menschen diese Motivation nicht verstehen. „Ihr verschwendet eure Zeit“ hört man dann. Und wieder andere stellen Skateboarding auf eine Stufe mit anderen Trendsportarten. Aber woher sollen es Außenstehende auch wissen? Genau wie viele Anfänger stehen sie vor Bewegungsabläufen und Fachbegriffen, die niemand auf die Schnelle erklären kann. Trotzdem ist Skateboarding heute so populär wie nie zuvor. Die Medien interessieren sich dafür, und viele junge Leute wollen Skaten lernen. Deshalb ist es gerade jetzt wichtig, den richtigen Zugang zu dieser Welt zu ermöglichen.

Vor einiger Zeit habe ich im Fernsehen eine Übertragung der Extreme Games gesehen. Ich wußte nicht, ob ich weinen oder lachen sollte. Es ging um einen Contest, bei dem im Anschluß an den Wettbewerb ein Best Trick-Contest veranstaltet wurde. Gewonnen haben Colin McKay mit einem „Nollie Flip Revert“ in der Halfpipe und Rick McCrank mit einem „Caballerial Backside Tail-

Skateboarding gets big. X-Games, New York

slide To Fakie“ an einer Funbox. Den Ansager kümmerte das wenig. „Colin McCrank“ machte einen „Holy Flip River“ und „Rick McCray“ gewann mit einem schlichten „Tailslide“. Namen sind natürlich nicht alles, aber das Beispiel zeigt, mit welcher Vorkenntnis die Medien sich oftmals an Skateboarding heranwagen. Viele professionelle Skater boykottieren solche Mammut-Veranstaltungen, weil sie zu kommerziell sind und ein falsches Bild von Skatern geben.

Denselben Medien ist aber andererseits zu verdanken, daß die allgemeine Akzeptanz des Skateboarding in den letzten Jahren sehr zugenommen hat. Sie haben den Sport wieder in die Öffentlichkeit gebracht. Daß dadurch vor allem Bekleidungsfirmen ein enormes Interesse an der Sache entwickelt haben, wirkt sich wieder positiv auf die Skate-Szene aus. Nach vielen mageren Jahren können heute in Deutschland wieder ein paar Skater ihren Lebensunterhalt mit ihrem „Hobby“ verdienen. Dieser Kreislauf funktioniert, weil Skater ein Image verkaufen, das im Moment gefragt ist.

Als Skater spürt man diese Anerkennung in kleinen Unterhaltungen mit Passanten oder in Gesprächen mit Fremden, die sich für Skateboarding interessieren. Viele Menschen sind wirklich aufgeschlossen gegenüber Skaten, und ich habe in den letzten Jahren sehr viel positives Feedback bekommen. Die Leute bringen einem Bewunderung und Respekt entgegen, weil man einen populären Sponsor hat oder in der Europameisterschaft schon mal einen guten Platz belegt. Skateboarding hat dann den Glanz der Professionalität, der überall gut ankommt. Das ist aber nur die eine Seite. Ich möchte auch die andere zeigen und näherbringen, denn sie nötigt ebenfalls Respekt ab.

Auch ohne Contests, Geld und Fernsehen bleibt Skateboarding immer noch das, was es ist. Wir alle würden es auch dann machen, wenn keiner zuschauen würde. Fußgänger rufen manchmal „Das ist kein Spielplatz!“ wenn man auf öffentlichen Plätzen fährt. Oft brüstet man sich mit der Antwort, Skateboarding sei ein ernstzunehmender Sport. Gerne würde man dann ein gutes Skateboard-Magazin zur Hand haben. Eigentlich sollte man aber sagen: „Die Welt ist ein Spielplatz, und ich sehe sie mit den Augen eines Kindes. Das ist das Geheimnis von Skateboarding." Wer das begreift, ist der Sache ein gutes Stück näher gekommen.

Michele Danze, Backside Tailslide

BUG ZERO

Sport oder Lifestyle?

Die ersten Skater hätten wohl gestaunt, wenn man ihnen gesagt hätte, daß aus ihrem Experiment mit einem Stück Holz auf vier Rollen einmal ein so populärer Sport werden würde. Millionen von Zuschauern auf der ganzen Welt verfolgen am Bildschirm die Extreme Games und wissen vielleicht sogar, wer Tony Hawk, Andy McDonald oder Bob Burnquist sind. Die ersten Skater waren eher damit beschäftigt, kleine Berge herunterzufahren – was damals gar nicht so nicht leicht war, wenn man bedenkt, daß die Rollen aus Stahl waren und keine Kugellager hatten. Seitdem hat sich in der Tat einiges getan. Mittlerweile ist sogar im Gespräch, Skateboarding als olympische Disziplin zuzulassen. Solche Entwicklungen zeigen, wie populär Skaten geworden ist. Auf der anderen Seite spitzt sich dabei auch ein Konflikt zu, denn Skaten unterscheidet sich sehr stark von anderen (olympischen) Sportarten wie Schwimmen oder Leichtathletik. Auch für die Skater stellt sich die Frage, ob man Skateboarding überhaupt als Sportart ansehen sollte. Viele sehen darin eine Lifestyle-Bewegung, die wenig gemein hat mit Trainingsstunden und Leistung. Wie definiert man Skaten?

Daß das Bild vom Skater nicht einheitlich ist, kann man gut an der Darstellung in den Medien erkennen. Auf der einen Seite gibt es Versuche, Skaten auf eine professionelle sportliche Ebene zu heben. Die Extreme Games erwecken den Eindruck, es ginge nur um Punkte und Sieg. Auf der anderen Seite zeigen Filme wie „Kids“ Skater von einer ganz anderen Seite. Das Skateboard wird Ausdruck eines Lebensgefühls und gehört zu einer bestimmten Szene von Jugendlichen, für die in erster Linie Spaß zählt. Beide Interpretationen haben grundsätzlich ihre Berechtigung. Denn Skaten ist durchaus ein anspruchsvoller Sport, der anderen Sportarten in nichts nachsteht, weder technisch noch körperlich. Vor allem Contests erfordern viel Disziplin, und die meisten wirklich guten Pros haben, ähnlich wie beim Eiskunstlauf, schon sehr früh angefangen. Andererseits zeigen sich Skater auf Contests auch oft von einer ganz anderen Seite. Chad Muska zählt zu den Top-Pros, obwohl er bei einem Event wie dem World-Cup, statt seinen Run zu fahren lieber ein paar Runden mit der Bierflasche dreht – unter dem frenetischen Jubel der Skater auf den Rängen. Viele Skater kommen zu ihren Runs zu spät oder strengen sich kaum an, weil ihnen andere Dinge wichtiger sind. Das wäre in jeder anderen Sportart undenkbar. Man stelle sich vor, Steffi Graf torkelt auf den Tennisplatz und sagt, sie habe jetzt einfach keinen Bock, gegen die Williams zu spielen. Statt dessen setzt sie sich mit einer Flasche Bier ans Netz und sonnt sich ein bißchen. Schöne Vorstellung. Professionelles Skateboarding ist auch außerhalb von Wettbewerben und Skateparks möglich. In einer Zeit, in der Skatevideos immer mehr an Bedeutung gewinnen, spielt das Contest-Skaten eine untergeordnete Rolle. Beim Skaten zählen andere Dinge: Persönlichkeit, Spaß, Ausstrahlung oder Style. Skater wie Chad Muska oder Tom Penny müssen für ihren Ruhm nicht ständig neue Leistungen erbringen. Nur so ist es möglich, daß viele Pros trotz ihres exzessiven Lebensstils nicht um ihre Existenz bangen müssen. Skateboarding ist zwar ein Sport, aber es ist nun einmal mehr als das.

Diesen Konflikt gibt es schon lange. In einem Interview im Thrasher Magazin von 1986 diskutiert Stacy Peralta die Frage, ob Skater auf Wettbewerben eine einheitliche Kleidung tragen sollten. Er kommt zu dem Schluß, daß Skateboarding nicht mit anderen Sportarten verglichen werden könne. Das ist auch an der ganzen Organisation abzulesen. Das Vereinswesen konnte nie wirklich Fuß fassen, zumindest nicht so wie in anderen Individualsportarten. In vielen Städten sind Skater zwar in Vereinen organisiert, aber

Elwood
etnies

meist nur aus versicherungstechnischen oder finanziellen Gründen. Eine Vereinskultur mit festen Trainingszeiten und Rollenverteilungen ist eher selten. Das heißt nicht, daß Skater in der Ausübung ihres Sports unorganisiert sind. Nur findet dies auf einer anderen Ebene statt. Selbst beim Streetskaten gibt es mehr oder weniger feste Orte und Zeiten, an denen man sich trifft. In jeder Stadt gibt es neben vielen einzelnen Möglichkeiten zum Skaten häufig ein „Hauptspot", der Treffpunkt für die Skater aus der Umgebung. Auch die Zeiten, an denen die meisten Skater dort fahren, sind im Grunde bekannt. Aber natürlich sind diese Formen der Selbstorganisation nicht mit denen eines Sportvereins zu vergleichen, bei dem der Trainer fürs Zuspätkommen Liegestützen machen läßt.

Überhaupt ist es auffällig, daß es fast keine Skateboard-Trainer gibt. Skateboarding lernen die meisten auf eigene Faust, das war schon immer eine Besonderheit. Ich war früher Mitglied in mehreren Sportvereinen, die alle traditionell organisiert waren. Für mich kam die Entscheidung, diese Sportarten aufzugeben an dem Punkt, an dem ich die grenzenlose Freiheit entdeckte, die Skateboarding bietet. Es ist eben etwas Besonderes, einen Sport ganz aus eigenem Antrieb anzugehen. Niemand sagt, welche Tricks man lernen soll, wie und zu welchen Zeiten. Nur so ist auch die große Vielfalt im Skaten zu erklären. Hier geht es wirklich um persönliche Entfaltung. Man schaue sich nur an, wie unterschiedlich manche Skater fahren. Jemand wie Stefan Lehnert kann einen ganzen Contest-Run fahren, ohne daß ich einen seiner Tricks könnte. Umgekehrt ist das aber genauso möglich. Es gibt eben keine Vorgaben.

Die grenzenlose Freiheit macht die Bewertung auf Wettbewerben natürlich nicht gerade leichter. Selbst in sehr kreativen Sportarten wie Eiskunstlaufen gibt es trotz aller Individualität bei der künstlerischen Gestaltung der Küren einige festgelegte Richtlinien für die Jury. Beim Skaten ist das anders. Jeder kann grundsätzlich seinen Run so fahren wie er möchte, und die Judges entscheiden nach Style, Schwierigkeitsgrad und Sicherheit. Das hört sich leichter an, als es ist. Andy McDonald fährt z.B. sehr Halfpipe-beeinflußt und macht hohe Airs und vielleicht einen McTwist an einer Quarterpipe. Ein technischer Streetskater wie Kenny Anderson macht vorwiegend Flips, vielleicht einen Nollie Flip Noseslide, und hat einen Bail. Die Runs sind in diesem Fall so unterschiedlich, daß eigentlich jede Bewertung möglich ist, je nach Gewichtung der Kriterien. Niemand kann sagen, ob ein McTwist schwieriger ist als ein Nollie Flip Noseslide. Dennoch wird jedes Jahr ein Weltmeister ermittelt. In den meisten Sportarten steht es außer Frage, daß der jeweilige Weltmeister eben auch der „Beste" ist. Skateboarding hat aber außerhalb von Wettbewerben ganz eigene Strukturen. Kein Skater, der den ersten Platz beim World Cup belegt hat, würde behaupten, der beste Skater der Welt zu sein.

Letztendlich ist es jedem einzelnen selbst überlassen, wie er Skateboarding definiert: Ob als Sport, Lifestyle, Kunst oder irgendwo dazwischen. Skaten hat in letzter Zeit in jedem Fall einen Schritt in Richtung Sport im traditionelleren Sinn gemacht. Ich habe sogar beobachtet, daß der eine oder andere mittlerweile Lehrstunden in Sachen Skateboarding gibt. Robinson Kuhlmann z.B. leitet Skateboard-Kurse für Anfänger, einer ist speziell für Mädchen. Und Jan Kliewer ist als Dozent an der Sport-Uni in Göttingen tätig und vermittelt dort Studenten seine Kenntnisse über die Physiologie des Skateboardings. Daß sich hier eine Entwicklung abzeichnet, die auf Vereinssport hinausläuft, glaube ich nicht. Skaten wird immer eine sehr eigene Sache bleiben. Ich kann mir nicht vorstellen, daß irgendwann einmal nächtliche Downhill-Sessions in schmutzigen Parkhäusern durch Trainingsstunden in der städtischen Turnhalle ersetzt werden – zumindest für mich nicht!

Holger von Krosigk, Reichstag Nürnberg

Urbaner Dschungel

Die Stadt ist ein Zentrum unendlicher Interaktionen und Symbole. Millionen von Menschen leben zwischen Tonnen von Stahl, Glas und Beton. Oft wird die Stadt als „urbaner Dschungel“ bezeichnet. Aber der Schein trügt. Denn das scheinbare Chaos ist ein kompliziertes System mit einer ausgeklügelten Ordnung. Jedes Teil erfüllt seine Funktion. Der rote Randstein sagt uns: „Hier sollst du nicht parken“. Ein paar Meter weiter wartet ein Geländer auf unsere Hand, damit wir sicher die Stufen hinabsteigen. Die Streifen auf der Straße veranlassen die Autos zum Anhalten, wir kommen sicher auf die andere Seite. Der öffentliche Platz dient der Erholung, die Bänke laden uns zum Hinsetzen ein. Die Zeichen und Normen, die uns begegnen, sind älter als wir selbst. Durch Jahre der Erfahrung haben wir die Sprache der Stadt gelernt und finden uns in dieser Umgebung zurecht. Die Bahnen für unser Verhalten sind vorgegeben: Die Wege von A nach B, der Ort, an dem gegessen wird und das Lokal, in dem man sich trifft.

Die Flüsse von Interaktion und Verkehr definieren die Architektur der Stadt. Ein Gehsteig an sich ist nichts. Erst das Zusammenspiel der Gebäude, Einrichtungen und Straßen gibt ihm seinen spezifischen Sinn. Jedes Fragment der Stadt existiert nur in seiner Beziehung zu anderen Dingen. Die Bank an der Bushaltestelle allein sagt noch nichts aus. Erst durch den Fahrplan der Busse und die damit verbundenen Wartezeiten erfährt sie ihre Bestimmung: „Setz dich hin und warte auf den nächsten Bus!“ In diesen Bahnen bewegen wir uns. Auch wenn wir die rote Ampel mißachten, folgen wir dem Strom der Fußgänger an dieser Stelle über die Straße. Das System Stadt lebt von Vorhersehbarkeit. Die Schilder, die uns begegnen, weisen uns nicht nur den Weg, sondern geben auch Hinweise auf das Verhalten anderer. Der Weg in die Einbahnstraße bedeutet, sich darauf verlassen zu können, daß uns niemand entgegenkommt. Die Verhaltensmuster leiten uns, und wir programmieren sie in unserer inneren Karte der Stadt.

Die Faszination Streetskating entwächst der Beschaffenheit der Stadt: aus ihrer Tristesse, Langeweile und Konformität. Städte erlauben Jugendlichen keinen freien Raum zur persönlichen Entfaltung. Alle Wege sind vorgegeben, selbst die zur „Erholung". Skateboarding kennt diese Konventionen nicht. Im Gegenteil: Skateboarding bricht Konventionen. Der „Sidewalk Surfer" benutzt Bruchstücke des Systems Stadt und interpretiert sie neu. Denn das Prinzip des Streetskatens ist es, genau dort Wege zu finden, wo niemand zuvor gegangen ist. Für den Skater ist die Stadt nicht mehr ein funktionelles System, sondern ein großer Spielplatz, auf dem die Regeln vorübergehend außer Kraft gesetzt sind.

Die Funktionen der Architektur werden neu ausgelegt. Das Stahlrohr, das den Parkplatz des Supermarkts umrandet, stellt jetzt keine Grenze mehr dar, sondern ist Hilfsmittel für Grinds und Slides aller Art. Der rote Lack verliert seine Signalfunktion. Seine einzige Bedeutung für den Skater ist die Tatsache, daß Boardslides jetzt schneller gehen. Alle Teile der Stadt existieren nur noch in Beziehung zum Board und seinen Möglichkeiten. Der Blumenkübel ist ideal zum Grinden und der leergepumpte Brunnen macht im Winter wieder Sinn, weil seine Rundungen einfach perfekt zum Skaten sind. Das Board ist die direkte Verbindung zwischen Stadt und Skater. Architektur ist nicht mehr nur Optik. Beim Skaten fühlt man sie: die Rillen zwischen den Platten im Boden, den rauhen Sandstein, der sich beim Grinden in die Achsen beißt. Das Material um uns herum bekommt eine neue Bedeutung. Glas, Stahl und Marmor sind dann nicht nur gute Reflektoren und ansehnliche Komponenten im Gesamtbild eines Gebäudes, sondern erhalten

Björn Rubnikowicz, Flughafen Köln/Bonn

Stefan Siems, Haus der Geschichte, Bonn

ihre Qualitäten im Zusammenhang mit Urethan-Rollen, Achsen aus Aluminium und Boards aus kanadischem Ahorn. Durch einen kurzen Blick kann ich die Eigenschaften eines Granitblocks bestimmen: wie gut grindet er, und welches Geräusch macht er dabei?

Es entsteht ein neues System Stadt. Im Kopf des Skaters befindet sich eine ganz eigene mentale Landkarte. Eingezeichnet ist hier vielleicht der Eingang einer Bank, das Rathaus und ein öffentlicher Park mit einem Brunnen aus Marmor. Aber auch Plätze, die sonst niemand wahrnimmt, sind in diese Karte eingetragen. Stadtplaner und Soziologen sprechen von „schwarzen Löchern" im Stadtbild. Plätze und Nischen einer Stadt, denen keine Funktion im Alltag zukommt, werden häufig von Passanten vergessen. Skater hingegen sehen Orte, die anderen Menschen nicht auffallen. Fast jede Form von Architektur ist auf irgendeine Art und Weise zum Skaten zu gebrauchen. Eine Bank an einer Bushaltestelle ist losgelöst von Fahrplänen und Wartezeiten. Im Auge des Skaters stehen jetzt andere Dinge mit ihr in Verbindung. Eine kleine Auffahrt vor der Bank ist vielleicht steil genug, um einen Ollie längs über die Bank zu machen. Zwei Meter hinter der Bank ist eine Laderampe. Von ihr aus kann man Tricks über die Bank bis auf die Straße schaffen. Der Gehsteig an einer schmalen Einfahrt steht nicht mehr in Relation zu den Wegen der Fußgänger. Sein Nutzen ist abhängig vom Abstand zur anderen Seite des Weges, weil hier vielleicht ein Transfer über die Einfahrt möglich ist.

Nichts anderes als das eigene Skaten und seine Möglichkeiten bestimmen die Art und Weise, wie man die Gegebenheiten nutzt. Streetskaten ist immer kreativ, weil die Orte, an denen man skatet, nie vorgegeben sind. Immer wieder finden sich neue Wege. Als Mark Gonzales in den achtziger Jahren den ersten Boardslide an einem Treppengeländer machte, eröffnete er ungeahnte Möglichkeiten. Seither sind Skater ständig auf der Suche nach immer besseren und längeren Handrails und erschließen dabei Orte, die niemand für befahrbar gehalten hätte. Skater wie Jamie Thomas, Chad Fernandez oder Rick McCrank sprengen täglich die Grenzen des Möglichen mit Nosegrinds oder Five-0 Grinds an bis zu zwanzig Stufen langen Handrails. Durch das eigene Skaten und das Wissen, daß solche Manöver machbar sind, verändert sich die Sicht einer Stadt kontinuierlich. Selbst wenn eine Mauer zu hoch oder zu lang ist, stellt man sich – inspiriert von bereits gelungenen Tricks – vor, wie es wäre, hier einen Noseslide oder einen Bluntslide zu machen. Wer einmal mit fünf Skatern in einem Auto durch eine neue Stadt gefahren ist, weiß, wie die Köpfe von rechts nach links pendeln, die Augen stets auf der Suche nach neuen Spots.

Ein Skater sieht die Welt mit anderen Augen. Ich mag den Begriff „Sidewalk Surfer", denn ein Surfer nutzt sein Terrain ebenfalls kreativ und sucht sich seine eigenen Bahnen. Er entfaltet sich auf dem Wasser, immer auf der Suche nach der perfekten Welle. Skater übertragen das auf das Umfeld der Stadt und entfalten dort ihre Persönlichkeit – gerade in unseren Städten, wo die Individualität zurückgedrängt und in feste Bahnen gelenkt wird. Skaten bedeutet einen Ausstieg aus der Konformität, wenn auch nur vorübergehend. Skater lernen, mit ihrer Kreativität umzugehen, indem sie die Stadt mit ihrem eigenen Können erschließen. Das Skateboard stellt einen Bezug zwischen dem Skater und seiner Umwelt her. Dieser Bezug unterscheidet sich von dem, den ein Fahrgast an der Bushaltestelle zu der Bank hat, auf der er sitzt. Denn auf dem Skateboard wählst du selbst dein Terrain und seine Bestimmung. Es ist diese spielerische Komponente, die Streetskaten so besonders macht. Aus dieser Sicht kann man es verstehen, und hier ist der Übergang zur Kunst. Im Sinne des Dichters Arthur Rimbaud ist Kunst das bewußte Sehen mit den Augen eines Kindes. Nichts anderes tun wir Tag für Tag ...

Eumel, Hauptbahnhof, Köln

Ali Boulala

Rebellion

Sind Skateboarder gesetzlose Rebellen? Ist Streetskating eine subversive Tätigkeit? Leider sind das nicht bloß rhetorische Fragen, denn in der Tat genießt Skateboarding einen schlechten Ruf. Wer diesen Sport ausübt, schreibt sich ein Image auf die Stirn, ob er sich damit schmücken will oder nicht. Rebellion ist ein Teil dieses Images, aber auch zweifellos ein Teil von Skateboarding. Diesen Zusammenhang richtig zu verstehen, ist schwierig. Welche Form von Rebellion ist Skateboarding und was bedeutet es, ein Skateboarder zu sein?

Ein kleines Gedankenspiel: Was wäre, wenn alle Sportler wie Skateboarder behandelt werden würden? Dieser Satz, der für kurze Zeit in einem amerikanischen Werbespot zu sehen war, gehört zu den interessantesten Fragen in bezug auf Streetskating als kultureller Erscheinung. Sie ist nicht nur kurios, sondern zeigt auch, wie sehr jeder Vergleich hinkt: Was wäre, wenn Golfspieler von der Polizei mit Blaulicht von ihren Grünanlagen gejagt würden? Macht am nächsten Tag das städtische Bauamt ein Gitter über Loch 18, um es unbespielbar zu machen? Was wäre, wenn Anwohner eines Fußballplatzes aus dem sechsten Stock mit faulen Eiern und Glasflaschen nach den Spielern werfen würden? Ist es vorstellbar, daß jemand Eisennoppen auf den Tennisplatz nagelt, damit niemand mehr dort spielen kann? Läßt der Hallenwart die Turner ihre letzten Magnesium-Spuren mit den Fingernägeln vom Reck kratzen? Absurde Fragen.

Skateboarding auf der Straße ist kein gewöhnlicher Sport, und wer ihn ausübt, wird auch in Zukunft nicht wie ein normaler Sportler behandelt werden. Das liegt schon in der Natur der Sache. Streetskating ist auf seine Weise anarchisch. Es ist regellos und findet nicht an eigens dafür ausgewiesenen Plätzen statt. Skater möchten daher auch nicht als „normale“ Sportler verstanden werden. Streetskating ist von Grund auf eine Form von Rebellion, aber diese richtet sich nicht gegen das soziale Umfeld, sondern in erster Linie gegen die Phantasielosigkeit unserer Städte und die fehlende Kreativität des Alltags. Es ist eine Gegenbewegung zu traditionellen Sportarten, bei der es in erster Linie darum geht, Spaß zu haben. Streetskating ist eine innere Rebellion, die aber keine Formen von Aggression oder bewußtem Widerstand annimmt.

Trotzdem ist das „Outlaw“-Image von Skateboarding nicht nur ein Klischee, sondern eine Tatsache. Skateboard fahren auf der Straße ist gesetzlich verboten. Als sportliche Aktivität bricht Skateboarding nicht nur die funktionalen Normen der urbanen Umgebung, sondern auch unsere Gesetze. Es ist verboten, Grinds auf Bänken zu machen, Treppengeländer zu sliden und überhaupt sich auf einem Board mit vier Rollen fortzubewegen. Wer Skateboard fährt, kollidiert mit dem Gesetz. Eine Bank ist nun mal zum Sitzen da und ein Geländer zum Festhalten. Und man sollte nicht dem Irrglauben verfallen, daß Skateboarding einfach nur verboten ist, sich weiter aber niemand darum kümmert. Es gibt genügend Instanzen und Personen, die sich berufen fühlen, Skateboarding Einhalt zu gebieten.

Da ist zum einen die Polizei. Wie oft hat ein normaler Bürger, der Fahrrad fährt, mit der Polizei zu tun? Einmal, vielleicht zweimal im Jahr? Wer Skateboard fährt, lernt die Gesellschaft in all ihren Normen kennen, vielleicht wöchentlich, vielleicht sogar täglich. „Wir haben einen Anruf bekommen, dem müssen wir nachgehen“ oder „Skateboard fahren verboten“. Wer Skateboarding als Sport und nicht als Rebellion ausübt, weiß zumindest, was wäre, wenn. Skateboarding wird kriminalisiert und als Verbrechen sanktioniert: Ausweiskontrollen, Personalien aufnehmen, Anschreien,

David Conrads

FFF IF YOU WANT To Rock YOU'VE got To Roll FFF

Verfolgungsjagden oder das Beschlagnahmen von Film- und Fotomaterial.

In der Bevölkerung kann man eine ähnliche Einstellung beobachten. Interesse für den Sport ist erfreulich, aber selten. „Brecht euch die Knochen“ ist häufiger als „Wie springt man mit diesem Ding?“ Es wäre bestimmt einmal interessant, eine Liste darüber zu führen, welche Beleidigungen man angesichts der bloßen Tatsache zu hören bekommt, daß man Skateboard fährt. „Man sollte dir dein Brett über den Kopf ziehen“ kenne ich gut, oder auch „Verschwindet, sonst knallts“. Ich habe mehrfach erlebt, daß Skater von Passanten tätlich angegriffen wurden. Ich will damit nicht die Problematik leugnen, daß Skateboarding eine Ruhestörung sein kann, und es können dabei auch einmal Bänke zerkratzt werden. Es ist das gute Recht jedes Ladenbesitzers oder Hausmeisters, Skateboarding zu verbieten, wenn er sich dadurch gestört fühlt. Aber zu selten wird dies auf freundliche Art versucht. Dabei kenne ich wenige Skater, die nicht vernünftig reagieren würden, wenn ihnen jemand erklärt, daß es aus einem bestimmten Grund nicht geht. Ich erinnere mich an eine Session in einem Nürnberger Parkhaus, bei der ein Wächter schreiend und mit Schaum vor dem Mund auf uns zugerannt ist und uns praktisch aus dem Gebäude geboxt hat. Einige Tage später hat er eine Gruppe jüngerer Skater erwischt und sie zwei Stunden in einem dunklen Raum eingesperrt. In meiner Heimatstadt ist ein Anwohner eines Parkplatzes, der unser täglicher Skatespot war, aus Wut mit seinem Auto auf einen Skater zugefahren, so daß dieser zur Seite springen mußte, um nicht überfahren zu werden.

Solche Erfahrungen gehen natürlich nicht spurlos an einem vorüber. Wenn Skateboarding als Ausdrucksform einer Rebellion erscheint, kann das sicher auch als Reaktion verstanden werden. Skateboarding ging lange Zeit parallel zur Punkbewegung und hat sich teilweise sogar aus der Punkkultur entwickelt. Rebellion war immer ein Teil davon. Das spiegelt sich bis heute in den Symbolen der Skateboardszene wieder: in Totenkopfbildern, Tätowierungen und der Szenesprache. Der Umstand, daß sich Skateboarding heute eher an der Hip Hop-Kultur orientiert, bedeutet nicht, daß sich das verändert hätte. Denn auch Hip Hop benutzt die Sprache der Rebellion. Trotzdem kann man Skateboarding an sich nicht als „subversive" Bewegung bezeichnen. Skateboarding ist antiautoritär und nonkonformistisch, aber diese Dinge werden allzu oft verwechselt. Es ist eine Gesinnung, nicht mehr und nicht weniger.

Viel zu oft werden Skateboarder durch ihr Äußeres und das Image des Skatens mißverstanden. Sie werden mit Kriminellen oder Gewalttätigen gleichgestellt. Das Skateboard scheint für viele Außenstehende fast ein Symbol für aufsässige Jugendliche zu sein. Nicht zuletzt durch die Medien wird ein solches Image unterstützt. In Filmen wie „Kids" wird das Skateboard quasi zum Statussymbol des kriminellen Jugendlichen. Es steht für einen bestimmten Lifestyle, der geprägt ist von Drogen und Gewalt. In den achtziger Jahren waren es Filme wie „Trashing" und „Gleaming the Cube", die ein solches Bild zeichneten. In „Trashing" bekämpfen sich „Skateboard-Gangs" in schwarzen Lederoutfits, indem sie sich mit ihren Boards prügeln.

Tatsächlich aber kann man kaum von einer homogenen Skateboardkultur sprechen. Es ist ein Amalgam aus den unterschiedlichsten Strömungen, die im Skateboardfahren und einer gewissen Grundeinstellung ihren gemeinsamen Nenner finden. Es ist ein Mikrokosmos, in dem alle Arten von Menschen zu finden sind; daß darunter auch „schwarze Schafe" sind, ist unvermeidlich. Wie schwierig es ist, das schlechte Image abzuschütteln, merkt man spätestens, wenn man ein Hotelzimmer in einer Stadt buchen will, in der jährlich ein Contest stattfindet. In Münster, wo seit mehr als einem Jahrzehnt der World Cup stattfindet, gibt es Hotels, die wegen vereinzelten schlechten Erfahrungen allen Skateboardern eine pauschale Absage erteilen. In Wörth wollte mir eine Hotelbesitzerin kein Nichtraucherzimmer geben, da sie annahm, als Skateboarder müsse ich Raucher sein. Bei einem anderen Contest mußte ich ein Interview für einen Fernsehsender geben. Ich hatte eine Erkältung und war etwas heiser. Da der Journalist dachte, ich hätte die Nacht durchgemacht, teilte er mir seine Ansichten über Skateboarder mit: „Ich weiß doch, der Wettbewerb steht bei euch an zweiter Stelle, ihr macht die Nacht zum Tag!“ Er war so überzeugt davon, daß ich ihm nicht klarmachen konnte, daß ich den Wettbewerb zur Abwechslung wirklich ernst nahm.

Ein Körnchen Wahrheit steckt sicherlich in den Klischees von Skatern. Es gibt genügend Beispiele, die die bestehenden Vorurteile untermauern. Fast jedes Jahr kommt es beim World Cup in Münster oder Dortmund zu heftigen Ausschreitungen. Autos und Fahrräder werden angezündet, Polizisten haben alle Hände voll zu tun, sich gegen den schreienden Mob zu verteidigen. Drogen werden beschlagnahmt, in der Halle fliegt eine Flasche. Aber all das ist nicht repräsentativ für die Skateboardszene, sondern für eine jugendliche Massenveranstaltung mit allen Konsequenzen, wie auch ein Fußballspiel oder ein Rockkonzert. Den typischen Skateboarder gibt es nicht. Auch die Szene unterteilt sich in Gruppen und diese haben viele Facetten. Und vielleicht zeichnet gerade das diesen Sport aus: Skater gehören keiner bestimmten sozialen Schicht an und haben keine einheitliche politische Gesinnung.

Rebellion ist immer so groß wie der Widerstand, der sich ihr entgegenstellt. Nur dort, wo Toleranz und Verständnis fehlen, kann so etwas wie Rebellion aufkommen. Was wäre, wenn alle Skateboarder wie Sportler behandelt werden würden?

T R
I C
K S

Streetskating: Die Qual der Wahl?

Ich fuhr seit etwa einem Jahr Skateboard, als mir ein Bekannter erzählte, in Nürnberg gebe es einen Skater, der über 140 Tricks könne. Für mich war das damals eine unvorstellbare Zahl. Ich war gerade erst dabei, die Grundlagen zu lernen. Als ich nach einigen Monaten noch einmal darüber nachdachte, kam mir die Zahl nicht mehr so groß vor. Ich hatte mittlerweile ein paar Tricks gelernt und merkte, daß die Möglichkeiten scheinbar unbegrenzt sind. Jeder einzelne Trick, den ich meisterte, eröffnete wieder eine Vielzahl anderer Tricks. 140 Tricks schienen nicht mehr unerreichbar, obwohl ich mir eigentlich nie die Mühe gemacht habe, sie zu zählen.

Skateboard-Videos nahmen mir das neugewonnene Selbstvertrauen ebenso schnell, wie es gekommen war. Skateboarding veränderte sich dermaßen schnell, daß mir die Tricks, auf die ich zuvor noch stolz war, auf einmal schäbig vorkamen. Ich mußte mir eingestehen, daß ich nie alle Tricks lernen würde. In der Tat erwies sich Skaten als so dynamisch, daß sich scheinbare Grenzen immer wieder in Luft auflösten. Eine Liste mit allen Tricks, die bis heute auf dem Skateboard gemacht wurden, würde mehrere Bände füllen.

Für Anfänger ist die Situation doppelt schwierig. Ein Blick in ein aktuelles Skateboard-Magazin kommt vielen wahrscheinlich vor wie mein Gedanke an die 140 Tricks. Aber im Gegensatz zu damals, als die Bandbreite der Tricks noch überschaubar war, wissen Neulinge heute oft nicht mehr, wo sie anfangen sollen. Die Vielfalt ist so groß, daß manch einem schon nach kurzer Zeit die Lust vergeht. Deswegen muß man darauf achten, mit welchen Tricks man anfängt. Manche Leute geben schnell auf, weil sie nach einigen Monaten immer noch keinen Kickflip können. Natürlich geht dann auch der Spaß verloren, wenn man übt und übt und immer noch kein Land in Sicht ist.

Skateboarding ist wie ein kompliziertes Puzzle. Wenn man nicht an den richtigen Stellen anfängt, befindet man sich sehr bald in einer aussichtslosen Situation. Gerade die ersten Tricks, die man lernt, sind sehr wichtig, weil sie die Grundbausteine für alle anderen sind (oder sein sollten). Die Tricks, die ich in diesem Buch zusammengestellt habe, sind Rand- und Eckpunkte im großen Puzzle des Skateboardings. Man muß nicht alle probieren, aber sie sind Ausgangspunkte für alle komplizierteren Tricks. Es ist kein Zufall, daß der Ollie an erster Stelle steht. Eigentlich verdient er ein eigenes Buch, denn er ist die Grundlage für alles andere. Hat man einmal die wichtigsten Tricks gelernt, geht alles weitere sehr schnell. Schon der Ollie eröffnet beim Streetskaten ungeahnte Möglichkeiten. Man kann einfach zwischendurch einen Ollie auf eine Parkbank machen, ein paar Stufen herunterspringen, und der 50/50 Grind ist nicht mehr weit.

Dabei sollten immer der Spaß an der Sache und die Freiheit des Skatens im Vordergrund stehen. Deswegen will ich niemandem nahelegen, welche Tricks er oder sie machen soll. Viele Skater spezialisieren sich heute: Der eine springt hauptsächlich Stufen, der andere probiert vor allem Flips und Grinds. Das ist das Geheimnis von Skateboarding, man kann sich individuell ausdrücken und muß keine Regeln befolgen. Wer daran Spaß hat, nur saubere Ollies zu springen und sonst keine Tricks lernen will, ist ebenso willkommen wie jemand, der gern an seine Grenzen geht. Aber wen das Puzzle als Ganzes interessiert, kommt an ein paar Basics nicht vorbei.

(R)evolution Ollie

Streetskaten durchlief vor allem gegen Ende der achtziger Jahre eine rasante Entwicklung. Bis zu dieser Zeit waren die Halfpipe und Betonpools die wichtigsten Schauplätze des Skatens gewesen. Und noch heute hat sich das Fahren in der Rampe seinen Ruf als „Königsdisziplin“ erhalten. Innerhalb von nur ein paar Jahren sollte sich einiges ändern. Innovative Skater wie Tommy Guerrero, Mark Gonzales und Natas Kaupas erkannten das kreative Potential von Streetskaten. Sie waren es, die im urbanen Dschungel ungeahnte Möglichkeiten entdeckten: Stufen, Hydranten und sogar Treppengeländer. Skateboard-Videos waren ein wichtiger Faktor in dieser Entwicklung. Legendäre Videos wie „Streets on Fire“ von Santa Cruz, „Shackle me not“ von H-Street oder „Public Domain“ von Powell Peralta waren Meilensteine. Viele Skater sehen in diesen Videos die Geburtsstunde des modernen Streetskatens.

Aber schon lange bevor diese Videos entstanden, spielte sich Skateboarding auf der Straße ab. Die Anfänge gehen bis in die fünfziger Jahre zurück. Kalifornische Surfer versuchten, auch abseits des Strands das Gefühl des Wellenreitens zu erleben. Sie nagelten die Fahrgestelle von Rollerskates unter einfache Holzbretter. Das Skateboard war geboren, und bis heute verweist der Begriff „Sidewalk Surfing“ auf diese Anfänge. Allerdings waren die ersten Skater in ihren Möglichkeiten stark eingeschränkt, denn die Boards waren einfache, flache Bretter, und die Achsen lenkten noch nicht. Die ersten Tricks bestanden daher vor allem aus einfachen Drehungen.

Die Faszination der Straße hat Skater seit jeher inspiriert. Daß man aber die Geburtsstunde des Streetskatens heute in den späten achtziger Jahren sieht, hat einen guten Grund: Den Ollie, oder die Technik, mit einem Skateboard zu springen ohne die Hände zu benutzen. Er ist der Ausgangspunkt fast aller modernen Tricks, und erst durch ihn konnte die Stadt als Terrain für das Skateboard erschlossen werden. Während in den sechziger und siebziger Jahren nur Bordsteine und flache Stufen ein überwindbares Hindernis darstellten, kann durch den Ollie mittlerweile über hüfthohe Mauern und Geländer geskatet werden. Er ist ohne Zweifel der wichtigste Trick des Streetskatens.

Aber es war ein weiter Weg von den selbstgebastelten Skateboards der fünfziger Jahre bis zum ersten Street Ollie der achtziger Jahre. Vor allem technologisch mußte sich das Skateboard weiterentwickeln. Meilensteine dieser Entwicklung waren in den siebziger Jahren die Erfindung der Urethan-Rollen, die die bis dahin üblichen Stahlrollen verdrängten, der Einsatz von Präzisionskugellagern und die Verbesserung der Achsen durch die Verwendung von Lenkgummis. Die Skateboards wurden robuster und anpassungsfähiger. Der entscheidende Durchbruch aber war die Erfindung des Griptapes und die Einführung des Kicktails. Die Hersteller begannen siebenfach verleimtes Holz zu verwenden und konnten die Skateboards so pressen, daß das hintere Ende nach oben gebogen war. In Verbindung mit der rauhen Oberfläche des Griptapes waren damit die Voraussetzungen für den Ollie geschaffen.

Alan Gelfand gilt heute als Erfinder des Ollie, und seinem Spitznamen verdankt das Manöver seinen Namen. Er war der Erste, der in einem Betonpool über die Kante hinausspringen konnte, ohne das Board mit den Händen zu greifen. Seine Technik wurde von fast allen damaligen Pros kopiert und gehörte nach wenigen Jahren bereits zum Standardrepertoire. Die ersten Skater, die den Ollie auf den flachen Boden übertrugen, waren der Freestyler Rodney Mullen sowie Mark Gonzales und Natas Kaupas, die ungeahnte Höhen erreichten.

Ollie

1 Die Füße stehen parallel auf dem Board, der hintere Fuß auf dem Tail, der vordere kurz hinter den vorderen Achsenschrauben. Die Schultern sind parallel zum Board, also seitlich ausgerichtet. Nur der Kopf schaut nach vorne.

2 Vor dem Absprung in die Knie gehen, genug, um kräftig zu springen, aber nicht zu weit. Das Gewicht liegt auf den Fußballen. Leichtfüßig bleiben!

3 Abspringen und dabei das vordere Bein anwinkeln und hochziehen. Der hintere Fuß „kickt" das Board herunter, damit es sich blitzschnell aufrichtet. Der vordere Fuß führt das Board mit der Außenseite des Schuhs.

4 Im Flug nimmt der vordere Fuß das Board mit und führt es so, daß es wieder gerade in der Luft liegt. Der Ollie ist umso höher, je stärker man beim Sprung die Beine anzieht.

5 Hier ist der höchste Punkt erreicht, jetzt heißt es nur noch entspannen und das Board an den Füßen halten.

6 Beim Landen die Füße am besten über die Achsen plazieren.

7 + 8 In die Knie gehen und abfedern.

1

2

3

4

5

6

7

8

Die Technik

Physikalisch gesehen ist der Ollie recht plausibel: Zuerst drückt man das Tail mit dem hinteren Fuß nach unten. Über die hintere Achse entsteht eine Hebelwirkung. Das Board richtet sich auf und schnalzt nach oben, der vordere Fuß kann das Board jetzt mit Hilfe seiner rauhen Oberfläche führen und beim Sprung „mitnehmen“. In der Praxis sieht das allerdings schwieriger aus. Mich wundert es daher nicht, daß Skateboarding kein Breitensport ist. Der Ollie ist zwar ein „Basic“, einer der einfachen Tricks, aber schon der hat es in sich. Das weiß jeder Skater aus eigener Erfahrung. Es kann Monate dauern, bis man aus schneller Fahrt einen Ollie auf einen Bürgersteig kann. Aber wie gesagt, ein guter Ollie ist die wichtigste Voraussetzung für alles andere. Man sollte sich am Anfang die Zeit zum Üben nehmen. Fehler, die man sich einmal angewöhnt hat, kann man später nur mit viel Arbeit korrigieren.

Ein bißchen Boardgefühl sollte man schon mitbringen, bevor man sich an den Ollie macht. Sicheres Fahren, lenken und Absteigen sind die wichtigsten Voraussetzungen. Für den Anfang kann man sich kleine Hindernisse zurechtlegen. Man zieht das Board schon instinktiv ein wenig hoch, wenn man über einen Gegenstand springen muß. Ich habe eine Zeitlang ein dickes Stromkabel benutzt, später Cola-Dosen. Hat man das Prinzip einmal begriffen, kommt es nur noch auf das richtige Timing an. Bloß nicht verzweifeln, wenn es nicht sofort klappt! Den richtigen Bewegungsablauf lernt man nur durch viel Üben. Dabei darf man nie aus den Augen verlieren, daß der Ollie ein Sprung ist. Oft versteift man sich auf die Technik und vergißt das Wichtigste. Daher sollte man versuchen, locker und mit leicht angewinkelten Beinen auf dem Board zu stehen. Vor allem aber ist entscheidend: Immer das Körpergewicht auf den Zehen und den Fußballen zu halten. Von der Ferse ist noch nie jemand abgesprungen. Das kann man gut nachvollziehen, indem man die Bewegung einmal ohne Board probiert.

Man sollte immer aus der Fahrt üben. Viele Anfänger machen den Fehler, Ollies nur aus dem Stand zu üben. Das mag bei den ersten Versuchen einfacher sein, aber man kann sich dabei schwere Fehler angewöhnen. Häufig macht man aus dem Stand einen etwas schiefen Ollie. Schon bei langsamer Fahrt springt man automatisch relativ gerade. Wenn man ohne weiteres über ein liegendes Board kommt, kann man sich langsam an andere Tricks wagen. Es hat keinen Sinn, vorher Flips zu üben, weil sie von ihrer Bewegung her nicht anders sind als ein Ollie. Hat man den einmal gelernt, kann man sein Repertoire schnell erweitern.

Das soll nun aber nicht so klingen, als wäre der Ollie nur ein Hilfsmittel für andere Tricks. Er ist weit mehr als nur Mittel zum Zweck. Schon an einem Ollie kann man einen guten Skater erkennen. Und nach wie vor zählt er zu den schönsten und stylischsten Tricks, die man auf einem Skateboard machen kann. Ich ziehe meinen Hut vor Alan Gelfand!

Frontside 180 Ollie

1 Die Fußstellung beim Anfahren wie beim Ollie. Leicht in die Knie gehen. Die Schultern nicht parallel halten! Der ganze Körper ist nach vorne gerichtet.

2 Abspringen wie beim Ollie. Die 180°-Drehung kommt aus den Schultern, schon vor dem Sprung anfangen eine Frontside-Bewegung zu machen.

3 Das Board jetzt mit dem vorderen Fuß zur Seite lenken. Beachten: Die Füße folgen beim Sprung automatisch der Drehung der Schultern.

4 Am höchsten Punkt sollte man die 180°-Bewegung zur Hälfte hinter sich haben. Das Board steht seitlich, und der ganze Körper ist nach vorne gerichtet.

5 Das Board mit den Füßen führen. Der Rest der Drehung geht von alleine.

6 Mit den Füßen über den Achsen landen und abfedern.

7 + 8 Wegfahren.

Vincent Gootzen

1

2

3

4

5

6

7

8

Backside 180 Ollie

1 Anfahren mit leicht in „Backside"-Richtung gedrehtem Oberkörper. Blick nach vorne.

2 Auch der Backside 180 Ollie beginnt wie ein normaler Ollie: abspringen und das Board aufrichten.

3 Am höchsten Punkt ist die Drehung höchstens zur Hälfte vollendet. Der Körper ist schon eingedreht, der Trick ist an diesem Punkt „blind", der Kopf schaut gegen die Fahrtrichtung.

4 Das Board mit den Füßen weiter drehen.

5 Mit Blick gegen die Fahrtrichtung sauber landen.

6 Weiterfahren und abfedern.

1

2

3

4

5

6

Wheelies (Manuals)

In „Public Domain", einem Video von Powell Peralta aus dem Jahr 1988, gibt es einen kurzen Beitrag über einen Freestyler namens Daniel Gezmer. Seiner eigenwilligen Philosophie nach besteht Skateboardfahren in erster Linie aus Gleiten und Drehen. Er meint, man kann theoretisch jeden Trick streichen, „but if you take away gliding and turning, you take away the heart and soul of skateboarding." Obwohl Daniel Gezmer mit seinem Ballerina-Outfit und Fahrstil eher für Gelächter als für Bewunderung sorgte, ist seine Sicht nicht ganz von der Hand zu weisen. Und hier wären wir beim Thema Wheelies angelangt: Auf nur einer Achse fahren ist eine Form von „Gliding" im Sinne Gezmers.

Vielleicht sollte der Wheelie deshalb nicht als eine Gruppe von Tricks kategorisiert werden, sondern in einem separaten Kapitel stehen. Aber das würde zu weit führen. In jedem Fall ist das Fahren im Wheelie ein Grundelement des Skateboardings. Wheelie-Tricks, auch „Manuals" genannt, gehören zu den ältesten Manövern im Skaten, und schon in den frühen Jahren des Skateboards, als man ohne Griptape und Ollies noch bedenkenlos barfuß fahren konnte, war es eine Herausforderung, auf nur einer Achse zu fahren. Selbst heute noch gehören Wheelies zum Repertoire jedes guten Skaters. Trotz der verhältnismäßig langen Tradition des Wheelies steht er in diesem Buch nach dem Ollie – aus gutem Grund. Heute werden Wheelies hauptsächlich auf erhöhten Podesten oder zumindest Verkehrsinseln gefahren. Daher muß man erst einmal springen können, also einen Ollie machen. Natürlich kann und soll man von Anfang an versuchen, auf der Vorder- oder Hinterachse zu balancieren. Egal, ob er nun ein Trick ist oder nicht, der Wheelie vermittelt Boardkontrolle und macht Spaß. Wheelies haben ihre ganz eigene Anziehungskraft. Sie drücken Ruhe und Schwerelosigkeit aus und geben dem Skaten etwas von seiner Magie.

Wie bei allen Tricks kann man auch hier sehr viel durch Üben erreichen. Der Fairneß halber sollte gesagt werden, daß der Wheelie manchen Skatern geradezu in die Wiege gelegt wird, während andere trotz Fleiß nie besonders weit kommen. Obwohl Wheelies vom Bewegungsablauf weniger komplex sind als Grinds und Slides, können sie mitunter anspruchsvoller sein. Denn vor allem in Verbindung mit Kickflips kommt es bei Wheelies sehr stark auf Präzision an, weniger auf Kraft.

Was das richtige Lernen von Wheelies angeht, gilt das gleiche wie beim Ollie: Man muß den richtigen Punkt kennenlernen, an dem das Board in Balance ist. Durch leichtes auf- und abbewegen des Boards kann man sich herantasten. Eine einzig richtige Technik gibt es nicht. Solange die zweite Achse den Boden nicht berührt, ist es ein Wheelie. Trotzdem gibt es Unterschiede in der Ausführung. Skater wie Ronnie Creager scheinen bei Wheelies stillzustehen, bei Daewon Song wirken sie schwungvoll, und er pendelt das Board während des ganzen Tricks leicht hin und her.

Im Gegensatz zu Slides und Grinds, die an bestimmte Spots gebunden sind, kann man Wheelies grundsätzlich überall machen. Man braucht lediglich einen befahrbaren Untergrund. Um das Üben interessanter zu machen, kann man sich Markierungen auf den Boden kleben, oder sich bestimmte Punkte auf der Straße einprägen. Auf diese Weise kann man sich leichter konzentrieren und merkt schnell, ob man Fortschritte gemacht hat. Etwas schwieriger wird es, wenn man den Manual auf höheren Obstacles fährt und dazu einen Ollie braucht. Es benötigt schon einige Übung, um sicher in einen Wheelie zu springen. Die Kombinationsmöglichkeiten sind fast unendlich. Man kann sowohl Flips to Wheelie machen als auch Wheelie Flip off. Diese Tricks zählen zu den schwierigsten Tricks im technischen Streetskaten. Wer zum Beispiel einen Fakie Kickflip to Fakie Manual Fakie 360 Flip off macht, kann sich ohne Bedenken zur Weltspitze im Skateboarding zählen.

Viel Spaß beim Üben!

Tail Wheelie

1 Fußstellung wie für den Ollie und in die Knie gehen.

2 Beim Absprung das Körpergewicht von der Mitte auf den hinteren Fuß verlagern, denn hier muß die Balance gehalten werden.

3 Hoch genug über die Kante springen.

4 Jetzt ganz auf den hinteren Fuß stellen und den Wheelie mit den Armen ausbalancieren.

5 + 6 Beim Wheelie ist es wichtig, daß man in den Knien bleibt, um genügend Spielraum zum Ausbalancieren zu haben.

7 Der Abgang geht wie von allein. Einfach fallen lassen und den Körperschwerpunkt wieder in die Mitte verlagern.

8 + 9 Landen und in die Knie gehen.

1
2
3
4
5
6
7
8
9

Nose Wheelie

1 Beim Nose Wheelie steht der vordere Fuß etwas näher an der Nose.

2 Beim Ollie den Fuß bis ganz vorne auf die Nose ziehen. Nach vorne lehnen, dann ist der Schwerpunkt automatisch über dem Fuß, auf dem man stehen will.

3 Auf der vorderen Achse landen. Der Fuß steht am Anfang der Nose, dort, wo das Board am besten zu steuern ist.

4 Wenn man leicht in die Knie geht, kann man den Wheelie gut kontrollieren.

5 Die Arme sind wichtig, sie geben den nötigen Ausgleich.

6 Beim Abgang ein wenig auf die Nose drücken und dem Board einen Ruck nach vorne geben, damit die hintere Achse nicht an der Kante hängen bleibt.

7 + 8 Abfedern.

1
2
3
4
5
6
7
8

Grinds und Slides

Grinds und Slides sind Tricks, die sich schon durch ihre Namen erklären. Beim Grind „schabt" die Achse über eine Kante, während man unter Sliden eine weichere, „rutschende" Bewegung mit dem Board oder den Rollen versteht. Die Gruppe umfasst daher Tail- und Noseslides, Boardslides und Bluntslides sowie alle Arten von Grinds. Diese Tricks haben ihre ganz eigene Faszination. Mehr als bei anderen Manövern spürt man das Material, auf dem man einen Trick macht. Schon allein akustisch hat das seinen Reiz. Das Geräusch von Achsen auf Granit bei einem 50/50 Grind vergißt so schnell kein Skater. Ein Bekannter von mir hat sich sogar einmal eine Kassette mit Skategeräuschen aufgenommen, die er immer abends auf dem Walkman gehört hat.

Vor allem in den letzten Jahren haben sich Grinds und Slides stark weiterentwickelt, und viele Tricks sind dazuerfunden worden. Die Möglichkeiten sind praktisch unbegrenzt. Es gibt zwar nur eine bestimmte Anzahl von Positionen, in denen man auf einem Objekt sliden oder grinden kann, aber die Kombinationsmöglichkeiten sind schier unbegrenzt. Denn man kann unterschiedliche Tricks vor, also „to ..." und nach dem Grind oder Slide, also „... off" machen. Die Tricks in diesem Buch sind natürlich nur eine kleine Auswahl. Jeder kann mit den Basics seine eigene Phantasie spielen lassen. Wer zum Beispiel gute Nollies und sichere Nosegrinds beherrscht, kann mit etwas Übung vielleicht bald einen Nollie Nosegrind lernen.

Viele Skater, die nicht gerade einen guten Skatepark vor der Haustür haben, werden aber zunächst weniger mit den Trick-Kombos zu kämpfen haben als mit der Frage des richtigen Spots. Mancher wünscht sich vielleicht nach Amerika – dort sind normale

Bordsteine oft mit einer Lackschicht überzogen und grinden zum Teil meterweit. In deutschen Landen hat man Probleme, eine grindende oder slidende Oberfläche zu finden. Aber mit etwas Einsatz gibt es auch dafür eine Lösung: Das Zauberwort heißt Wachs! Mittlerweile wird in fast allen Skateshops spezielles Wachs für Skater und Inliner verkauft. Normales Kerzenwachs tut es aber auch. Mit Wachs kann man nicht nur bereits glatte Flächen in eine Eisbahn verwandeln – vor allem Inlinern kann es oft nicht rutschig genug sein –, sondern auch Ledges und Curbs, von denen man es nicht vermutet hätte. Es stimmt wirklich, fast jedes Material grindet. Sogar durchschnittliche deutsche Bordsteine kann man so bearbeiten, daß sie nach einiger Zeit grinden. Dazu braucht man nur Geduld und die richtige Technik: Immer abwechselnd wachsen und grinden, bis das Wachs in die tiefsten Poren des Materials eingedrungen ist. Irgendwann grindet alles!

Aber trotz Wachs haben Anfänger vor allem bei Grinds oft Probleme, die richtige Kontrolle zu entwickeln. Das ist nicht nur eine Frage der Übung. Ein typischer Fehler ist das zu langsame Fahren. Man tut sich natürlich am Anfang leichter, wenn man einen Trick bei geringer Geschwindigkeit probiert. Aber beim Grinden ist es häufig so, daß die Achse erst bei einem bestimmten Tempo ruhig und gleichmäßig grindet. Bei langsamer Fahrt kommt man oft ins Stocken und stürzt. Nur keine übertriebene Vorsicht! Es mag widersprüchlich klingen, aber Stürze bei schneller Fahrt sind meist weniger gefährlich als beim langsamen Fahren, weil das Körpergewicht weniger senkrecht gerichtet ist. Geschwindigkeit braucht man vor allem bei Bluntslides. Wer diesen Trick nicht nur ansetzen, sondern auch rutschen will, muß schnell fahren. Erst dann entsteht ein gleichmäßiges und leicht zu kontrollierendes Rutschen.

Wer an seinem Homespot einige Tricks gelernt hat, sollte sich darüber im Klaren sein, daß jede Ledge und jedes Rail seine Eigen-

KÜCHEN
studio
BONO

heiten hat. Viele Skater sind enttäuscht, wenn sie an einen anderen Spot kommen und plötzlich kein Trick mehr klappt. Man muß sich immer erst eingewöhnen, um die Feinheiten eines Spots kennenzulernen. Ich brauche häufig eine halbe Stunde oder länger, um mich an ein bestimmtes Material zu gewöhnen. Ein Trick kann eine völlig andere Technik verlangen, wenn die Ledge rauher oder feiner ist als die, die man gewohnt ist. Während man bei grobem Beton für einen Nosegrind stark drücken muß, ist der gleiche Trick auf glattem Marmor fast schon wie ein Wheelie. Man sollte immer versuchen, möglichst viele verschiedene Spots zu fahren. Das bringt souveräne Boardkontrolle, da man die Tricks nicht monoton abspult, sondern locker bleibt und sich stets von neuem auf Spots einstellt.

50-50 Grind

1 Je nach Material der Ledge (grindet sie gut oder schlecht?) schnell anfahren. Man sollte fast parallel zur Kante anfahren, der Abstand darf nicht zu groß sein.

2 Hier kommt der Ollie. Stell sicher, daß du den Ollie hoch genug kannst, um richtig auf die Bank oder die Ledge zu kommen, auf der du grinden willst.

3 Etwas höher als die Kante ollien, das gibt Sicherheit und die nötige Zeit, das Board in die richtige Position zu bringen.

4 Mit beiden Achsen auf der Bank landen. Je nach Material muß man sich in den Grind „stemmen“ und den Körper etwas hinter dem Board halten, um nicht stecken zu bleiben.

5 Den Blick nach vorne richten und im Grind entspannen. Trotzdem leicht in den Knien bleiben.

6 Der hintere Fuß muß für den Abgang auf dem Tail stehen.

7 Das Gewicht jetzt auf den hinteren Fuß stellen und die vordere Achse leicht anheben (vielleicht sogar einen kleinen Ollie machen).

8 + 9 Jetzt nur noch auf die Landung vorbereiten und weiterfahren.

1
2
3
4
5
6
7
8
9

Noseslide

1 Ganz parallel und eng an der Ledge anfahren. Die Schultern sind leicht nach vorne gedreht.

2 Auf den Ollie vorbereiten: Die Füße stehen normal, aber den vorderen weiter in Richtung Nose plazieren, damit er im Ollie ganz auf die Nose rutschen kann.

3 Springen und die Nose dabei mit dem vorderen Fuß auf die Kante drehen. Das Körpergewicht langsam über den vorderen Fuß bringen.

4 Jetzt ganz auf die Nose stellen. Der Körper ist beim Slide ganz nach vorne gerichtet.

5 + 6 Mit leicht angewinkelten Beinen bis zum Ende sliden. Der hintere Fuß hält das Board waagerecht.

7 Kurz vor dem Abgang leicht in die Knie gehen und etwas entlasten. Das Board wird jetzt über die Nose mit einem kleinen Hüpfer aus dem Slide gehoben.

8 Jetzt schnell in Fahrtrichtung drehen. Die Schultern wieder parallel zum Board drehen.

9 Ausfahren.

1

2

3

4

5

6

7

8

9

Frontside Noseslide

Der Frontside Noseslide gehört zu den schwierigen Tricks im Streetskating. Er unterscheidet sich vom normalen Noseslide nur in der komplizierten Körperhaltung. Man fährt frontside auf die Ledge zu und springt dann backside in den Slide, man bewegt sich bei diesem Trick also mit dem Rücken zur Fahrtrichtung. Man sollte versuchen, die Schultern nicht zu weit einzudrehen, also möglichst parallel zur Kante halten. Nur der Kopf schaut hier in Fahrtrichtung. Den Slide kann man nur kontrollieren, wenn man ganz auf den Fußballen steht. Der hintere Fuß „schiebt" das Board mit; er bleibt leicht eingeknickt. Markus Jürgensen führt ihn hier vorbildlich aus. Er führt das Board elegant mit dem hinteren Fuß und hält mit dem ausgestreckten vorderen Arm die Balance.

Crooked Grind

1 Parallel zur Ledge anfahren. Die Körperhaltung ist der beim Noseslide sehr ähnlich, aber die Schultern sind nicht so weit nach vorne geöffnet.

2 Den Ollie zunächst gerade und parallel zur Kante machen und erst im letzten Moment drehen.

3 Die Achse über die Kante und in den Grind heben. Hier ist das Board noch fast parallel zur Bank.

4 Jetzt mit dem ganzen Gewicht auf den vorderen Fuß gehen. Beim Crooked Grind steht man weniger auf den Fußballen als auf dem hinteren Teil des Fußes.

5 Hier ist der Crooked Grind sehr nah am Noseslide. Die Achse krümmt sich um die Kante (daher „crooked“) und der hintere Fuß führt das Board. Zum Abgang leicht in die Knie gehen.

6 Mit Schwung über einen leichten Druck auf die Nose aus dem Grind hüpfen.

7 + 8 Landen und weiterfahren.

1

2

3

4

5

6

7

8

Boardslide

1 Leicht schräg zum Rail anfahren. Rechtzeitig abspringen, um die vordere Achse über das Rail zu heben. Die Schultern sind nach vorne geöffnet.

2 Einen Ollie machen und das Board dabei so über das Rail drehen, daß es quer steht. Nicht mit gestreckten Beinen landen, dieser Trick ist ein Board-Brecher!

3 Im Slide versuchen, die Balance zu halten und mit dem Gewicht genau über dem Rail zu bleiben.

4 Vor dem Abgang die Schultern ein wenig backside drehen, um genug Schwung zu bekommen.

5 Hier eine halbe Drehung machen, um geradeaus weiterzufahren.

6 Jetzt wieder nach vorne blicken.

7 + 8 Landen und weiterfahren.

1
2
3
4
5
6
7
8

Frontside Tailslide

Der Frontside Tailslide erfordert einen höheren Ollie als ein Noseslide oder Crooked Grind. Das Board geht nicht direkt in den Slide, sondern muß erst in ganzer Länge über die Kante. Die Anfahrt ist frontside und parallel; wenn man mit dem Ollie die richtige Höhe erreicht hat, streckt man den hinteren Fuß in den Tailslide. Das Bein ist fast gestreckt und leicht nach vorne gehalten, damit das Körpergewicht hinter dem Board bleibt. So wird der Slide kontrollierter. Wie bei den anderen Nose- und Tailslides führt der andere Fuß, in diesem Fall der vordere, das Bein ist leicht angewinkelt. Mit den Schultern und der Haltung der Arme kann man den Slide steuern und den Abgang entweder „to fakie" oder gerade heraus machen.

Backside Tailslide

Der Backside Tailslide ist einer der ausgefallensten Slide-Tricks. Durch die leicht verdrehte Körperhaltung hat dieser Trick seinen eigenen „Look“. Die Fußspitzen sind nach hinten gerichtet, während der Kopf nach vorne schaut. Dadurch ist der Körper an der Hüfte verdreht, was dem Trick seinen Style verleiht. Das Geheimnis, beim Backside Tailslide die Balance zu halten, besteht darin, sich leicht zurückzulehnen und den Hintern in Fahrtrichtung zu drehen. Der vordere Fuß führt auch hier und hebt das Board beim Abgang aus dem Slide. Vincent Gootzen zeigt hier die ideale Körperhaltung beim Backside Tailslide: Nachahmung empfehlenswert!

Vincent Gootzen

VANS

Frontside Nosegrind

Till Kemner zeigt, wie ein Frontside Nosegrind geht. Das vordere Bein hält den Körperschwerpunkt hinter dem Board. Vor allem das hintere Bein ist stark angezogen, es ist fast auf Brusthöhe. Dadurch ist der Körper kleiner und das Balancieren einfacher. Die Schultern sind parallel zur Ledge, und die gestreckten Arme setzen diese Linie fort. Man kann sich bildlich vorstellen wie Till mit viel Style aus dem Grind „nolliet“ und weiterfährt.

Bluntslide to Fakie

1 Hier ist Vorsicht geboten. Bluntslides gehören zu den schwierigsten Tricks an Ledges. Parallel anfahren und Schultern nach vorne öffnen. Die halbe Drehung kommt aus den Füßen. Auf jeden Fall schnell genug anfahren, damit die Rollen ins Rutschen kommen.

2 Abspringen und darauf achten, daß der Ollie hoch genug ist. Bei diesem Trick ist Gefahr für die Schienbeine angesagt.

3 Wenn die Rollen über der Kante sind, das Tail mit dem hinteren Fuß kräftig gegen die Seite der Ledge drücken. Ganz auf den hinteren Fuß stellen.

4 Ganz in den Slide stemmen. Es dauert eine Weile, bis man lernt, auf den Rollen zu sliden.

5 Vor dem Abgang wieder in die Knie gehen, um das Board herausheben zu können.

6 Jan hat den Körper eingedreht, damit er fakie landet. Man kann diesen Trick auch in die normale Fahrt hinein machen, dann ist er einfacher. Beim Abgang to fakie kräftig abspringen. Jan poppt Zentimeter vor dem Ende ab und hebelt sich über die Kante. Das können nur wenige!

7 Hier ist der Körper schon wieder in Fahrtrichtung gedreht.

8 + 9 Landen und ausfahren.

Jan Kliewer

1
2
3
4
5
6
7
8
9

Feeble Grind

1 Der Feeble Grind ist einfacher, wenn man etwas schneller anfährt. Die Schultern parallel zu der Kante halten, an der du grindest.

2 Abspringen und die vordere Achse über die Kante heben.

3 Der hintere Fuß drückt jetzt die Achse auf das Rail. Dabei nach hinten lehnen und Druck auf die Ferse ausüben, damit das Board in der schrägen Feeble-Position bleibt.

4 Die Spannung halten! Der Körper ist nie komplett nach vorne ausgerichtet, sondern ist immer leicht seitwärts gehalten.

5 Beim Abgang aus dem Feeble auf die hintere Achse stellen und das Board vorne leicht anheben. Das Gewicht weit hinten halten.

6 + 7 Mit paralleler Körperhaltung ausfahren.

1

2

3

4

5

6

7

Nollies

Der Nollie heißt eigentlich „Nose-Ollie“ und bereichert das Skaten ungefähr seit 1990. Pioniere wie Natas Kaupas oder Salman Agah erreichten schon damals beträchtliche Höhen. Wie der Name andeutet, beruht der Bewegungsablauf auf dem Ollie. Der Pop wird an der vorderen Achse in Fahrtrichtung gemacht. Es ist also der gleiche Trick wie ein Fakie Ollie, also ein Ollie aus der Rückwärtsfahrt. Eigentlich ist es ein Wunder, daß Nollies erfunden wurden. Schaut man sich ein durchschnittliches Skateboard aus den achtziger Jahren an, fragt man sich, wie überhaupt jemand auf die Idee gekommen ist, seine Nose zu benutzen. Die Tails waren zwar meist riesig, aber vorne hörte das Board relativ kurz nach der Vorderachse auf. Von einer Nose konnte man eigentlich kaum sprechen. Ollies machte man vom Tail, die Nose wurde eigentlich nur für Nose-Wheelies benutzt. Aber der Nollie setzte sich schnell durch, und schon nach wenigen Jahren hatten sich die Boards dem neuen Trick weitestgehend angepaßt. Seither ist bei einem durchschnittlichen Skateboard die Nose sogar größer und breiter als das Tail!

Ähnlich wie das „Switch“-Skaten eröffneten Nollies unzählige neue Trickkombinationen. Jeder Trick, den man vom Tail aus machen kann, ist auch von der Nose möglich. Geht ein 360 Kickflip, dann kann man theoretisch auch einen Nollie 360 Kickflip machen. Aber der Nollie ist mehr als nur ein Ollie in die andere Richtung. Ein Nollie sieht einfach anders aus als ein gerader Ollie. Das Board stellt sich durch den Pop in Fahrtrichtung wesentlich schneller auf, daher ist der Trick explosionsartiger. Ein Nollie von einem Block herunter hat eine längere Ruhephase. Im Gegensatz dazu wird ein Ollie länger gezogen. Dadurch entsteht der typische Nollie-Pop, der für Laien oft noch schwerer zu erkennen und zu durchschauen ist als die Technik des normalen Ollie. Vor allem bei Nollie-Spezialisten wie Florentin Marfaing scheint das Board zu schweben, und der Pop ist kaum noch zu erkennen.

Für den Nollie gilt das gleiche wie für den Ollie: Nur durch Üben kann man ihn wirklich perfektionieren. Trotzdem gibt es ein paar Dinge, auf die man achten sollte. Es macht keinen Sinn, den Nollie gleich zu Anfang über ein Hindernis zu probieren. Denn da der Pop an der vorderen Seite des Boards ausgeführt wird, ist die Flugphase länger. Wer das einmal ausprobiert hat, kann es schnell nachvollziehen. Statt dessen sollte man Nollies entweder auf ebenem Boden probieren oder, wenn es im Ansatz klappt, von einem kleinen Block oder Gehsteig herunter. Das schult das Gefühl für den richtigen Zeitpunkt. Denn das wichtigste am Nollie ist das Timing. Außerdem muß man versuchen, den Nollie gerade zu springen. Man gewöhnt sich nämlich sehr schnell eine schiefe Bewegung an. Erst wenn er ganz gerade geht, kann man sich an 180 Nollies oder Nollie Kickflips heranwagen.

Nollies sind eine Herausforderung. Wer schon ein gutes Repertoire an Tricks hat, kann versuchen, jeden Trick mit Nollie statt Ollie zu machen. Alles ist möglich. Manche Kombinationen sind leichter, andere schwerer. Nollie Tailslide ist zum Beispiel ein Trick, den Anfänger sehr früh lernen können, vielleicht sogar vor dem normalen Tailslide. Der Nollie Noseslide ist schon etwas für Fortgeschrittene, weil der Nollie sehr hoch gepoppt werden muß. Schwierig ist auch, wie schon gesagt, ein gerader Nollie über ein Hindernis. Dieser Trick sollte nicht unterschätzt werden. Schon eine Höhe von zwei aufeinander liegenden Boards – für einen Ollie nicht besonders hoch – ist für einen geraden Nollie beachtlich. Ausnahmefahrer können so hoch nollien, wie andere den normalen Ollie können. Paulo Diaz oder Anthony van Engelen können ohne weiteres einen Nollie über einen amerikanischen Picknicktisch machen!

Nollie

1 Ein Nollie funktioniert wie ein Ollie. Die Fußstellung ist daher nicht anders, nur eben seitenverkehrt. Der vordere Fuß steht auf der Nose, der andere kurz vor den hinteren Achsenschrauben.

2 In die Knie gehen, der Oberkörper ist parallel zum Board, nicht zu weit nach vorne drehen.

3 Beim Poppen ist es wichtig, den Schwerpunkt etwas vor das Board zu bekommen. Nur so kann man es dann richtig in die Höhe ziehen. Also: leicht nach vorne lehnen!

4 Jetzt schnalzt das Board nach vorne und richtet sich auf. Dadurch, daß es jetzt schräg vor dir ist, mußt du es nur mit dem hinteren Fuß gerade ziehen. Man sieht auf dem Foto, wie meine beiden Füße schräg nach vorne deuten. Das ist der Moment vor dem Ziehen.

5 Hier ist das Board gerade und die normale Flugphase beginnt.

6 Auf die Landung vorbereiten. Auf dem Boden hast du für diesen Trick natürlich weniger Zeit.

7 + 8 Landen und in die Knie gehen.

1

2

3

4

5

6

7

8

Nollie Backside 180

1 Die Fußstellung ist mit der beim geraden Nollie identisch. Nur den Oberkörper vor dem Absprung bereits backside drehen.

2 Hier ist man schon so weit gedreht, daß man nicht mehr nach vorne sieht. Der Trick ist „blind". Das Board ist beim Poppen noch gerade.

3 Jetzt den Nollie ziehen und das Board dabei automatisch backside drehen. Der Körper ist der Drehung des Boards an diesem Punkt voraus.

4 Jetzt ist das Board fast gerade und ganz gedreht. Darauf achten, daß man genau über dem Board bleibt.

5 Hier ist der Trick schon fast gelaufen. Wenn das Board unter den Füßen ist, auf das Abfedern vorbereiten.

6 Beim Landen kann man den Blick langsam wieder in Fahrtrichtung wenden. Die Schultern sind wieder parallel.

7 + 8 Ausfahren.

1

2

3

4

5

6

7

8

Nollie Heelflip

1 Wie bei einem Nollie anfahren, nur daß die Fußspitzen des hinteren Fußes überlappen.

2 Das Board wie beim Nollie poppen.

3 Das ist der wichtigste Punkt: Den hinteren Fuß leicht einknicken, so daß die Außenseite des Schuhs an das Griptape kommt.

4 Den Fuß schnell schräg nach hinten hinausziehen. Der Fuß sollte dabei soviel Druck auf die Kante des Boards geben, daß es schnell flippt.

5 Immer über dem Board bleiben! Die Beine anziehen, bis es geflippt hat.

6 Landen. Die Schultern bleiben während des ganzen Tricks parallel zum Board.

7 + 8 Ausfahren und entspannen.

1

2

3

4

5

6

7

8

Nollie Lipslide

1 Der Nollie Lipslide ist einer der einfacheren Nollie-Tricks am Rail. Leicht gehockt in der Nollie-Position anfahren. Die Schultern nach vorne öffnen. Wenn du so wie hier to fakie gehen willst, dann bekommst du durch Ausholen mit den Schultern mehr Schwung.

2 Den Nollie poppen. Dabei die hintere Achse leicht über die Kante heben.

3 In den Slide gleiten. Beim Nollie Lipslide ist kein großer Nollie nötig.

4 Den Slide ausbalancieren.

5 Der Abgang geht ganz von alleine, je nachdem wie du am Anfang Schwung geholt hast. Alles hängt von den Schultern ab.

6 + 7 Landen und weiterfahren.

1

2

3

4

5

6

7

Patrick Ahlfeld, 360 Flip

Kickflip (und Co.)

Der Kickflip wurde wie die meisten technischen Tricks aus dem Freestyle in das Streetskating übernommen. Rodney Mullen gilt heute als der Erfinder der meisten Flip-Tricks. Sein innovatives Skaten beeinflußte Streetskater wie Mark Gonzales, Tommy Guerrero oder Jason Lee, die den Kickflip, Shove-its und andere Variationen in ihr Skaten integrierten. Was anfangs eine technische Spielerei war, bestimmt heute weitgehend das moderne Skaten. Der Kickflip hat Skaten geradezu revolutioniert. Obwohl er heute als Standardtrick gilt, sollte man ihn nicht unterschätzen.

Ich wollte den Kickflip im Frühjahr 1989 lernen und erinnere mich, daß er nie wirklich sicher klappte. Entweder flippte das Board neben mir, oder ich landete schief. Immer wieder mußte ich diesen Trick üben. Damals war der Kickflip einer von unzähligen Tricks, die ich lernen wollte, und ich hätte nie gedacht, daß er mich so lange verfolgen würde. Aber heute geht es nicht mehr ohne. Er ist einer der häufigsten Tricks und Bestandteil vieler technischer Kombinationen: Kickflip Tailslide, 360 Kickflip usw.

Der Kickflip ist in den letzten Jahren so populär geworden, daß viele Anfänger ihn vor dem Ollie üben, weil sie denken, daß er wichtiger sei. Davon rate ich auf jeden Fall ab. Es kann zwar nicht schaden, früh mit Shove-its und Flips anzufangen, aber einige Basics sollte man zuvor beherrschen. Wenn man über Tage und Wochen daran verzweifelt, sein Board zu flippen, ohne zwischendurch einen sauberen Ollie oder 50/50 zu machen, verliert man bald die Lust. Insofern ist dieses Kapitel durchaus für Fortgeschrittene gedacht. Aber Skaten ist bekanntlich kein Sport mit festen Regeln. Ich konnte es auch nie lassen, schwierige Tricks zu probieren, selbst als noch kein Land in Sicht war. Solange also der Spaß da ist …

Früher sagte man „Ollie Kickflip“, woran man sehen kann, welche Technik hinter dem Trick steht. Oft flippt das Board so schnell, das man mit dem bloßen Auge kaum erkennt, was passiert, aber der Bewegungsablauf des Ollie ist stets vollständig darin enthalten. Wie beim normalen Ollie bringt man das Board nach dem Poppen mit dem vorderen Fuß wieder in die Waagerechte. Dabei streckt man die Fußspitze seitlich durch und bringt das Board mit der äußeren Vorderkante des Schuhs zum flippen. Anfänger fragen mich häufig, was sie denn falsch machen, wenn das Board zwar gut flippt, sie aber nie auf das Board zurückkommen. Meistens kommen sie dann nicht vom Boden weg, während das Board eigentlich schon alleine einen Kickflip macht. Wenn der Ollie nicht klappt, kann es auch mit dem Kickflip nicht funktionieren. Flips sollte man deswegen wirklich erst dann ernsthaft probieren, wenn die Ollie-Technik sitzt.

Wie gesagt, der Kickflip zählt bereits zu den anspruchsvolleren Tricks im Skateboarding. Ich selbst gehöre zu den Skatern, denen andere Flips leichter fallen als ein gerader Kickflip. Wenn ich in einem Contest einen Fliptrick auf dem flachen Boden machen muß, mache ich einen Frontside Kickflip oder einen Nollie Kickflip. Man kann deshalb aber nicht behaupten, daß der Kickflip mittlerweile langweilig oder ausgelutscht ist. Ein gut ausgeführter Kickflip ist immer etwas Besonderes. Wenn ich an Kickflips denke, fallen mir spontan einige Skater ein, deren Technik ich nie vergessen werde. Darunter sind Mike Carroll, Ronnie Creager, Jan Kliewer und Tom Penny. An der Ausführung eines Kickflips kann man häufig den Style eines Skaters erkennen – und es gibt auch Pros, die keine guten Kickflips können!

Jeder macht den Kickflip irgendwie anders. Daher kann man nicht sagen, wo genau sich der Fuß befinden soll und in welchem Winkel er das Board kippt. Manche Skater stellen den vorderen

Fuß sehr nah an die Kante, zum Teil neben die vorderen Schrauben, weil sich dadurch das Board schneller flippt. Jeremy Wray wiederum stellt seinen Fuß komplett auf das Board und läßt sogar die Zehnspitzen zur anderen Seite herausstehen. Jeder muß selbst seine Position auf dem Board finden. Mit ein bißchen Experimentieren findet man schnell heraus, wo man den Fuß für den Kickflip am besten plaziert, ohne dabei an Standfestigkeit zu verlieren. Auch beim Flip selbst hat man durchaus Spielraum. Der eine zieht den Fuß extrem weit nach vorne, während ein anderer ihn nur zur Seite zieht. Wichtig ist, daß man vor Augen behält, was bei dem Trick passiert und weshalb sich das Board flippt. Grundsätzlich ist es wichtig, den Fuß beim Ziehen so stark abzuknicken, daß die äußere Seite des Schuhs auf dem Griptape liegt. Wenn man den Fuß dann seitlich nach vorne durchstreckt, dreht sich das Board wie von alleine. Das Abknicken kann dabei sowohl aus dem Fußgelenk kommen als auch vom Kniegelenk her. Aus dem Fußgelenk sind Kickflips zwar am schönsten, aber auch mit einem steifen Gelenk kann man das Board flippen. John Comer macht sogar mit einer Fußprothese passable Kickflips. Es gibt also keine Ausreden!

Die weiteren Kombos sind praktisch unbegrenzt. Man kann mit beiden Füßen in alle Richtungen und sogar doppelt und dreifach flippen. Mit der Möglichkeit, das mit einem Shove-it Frontside und Backside zu kombinieren ist die Zahl schier unendlich. In diesem Kapitel habe ich nur einige Tricks herausgegriffen und erklärt. Wenn man die Basics beherrscht, kann man seiner Phantasie freien Lauf lassen. Wichtig ist nur, daß man das Prinzip des Tricks beherrscht. Eine gute Kickflip-Technik kann einem bei vielen weiteren Tricks zugute kommen.

Kickflip

1 Anfahren wie bei einem normalen Ollie. Die Position des vorderen Fußes muß jeder für sich selber finden. Die meisten Skater stellen ihn etwas näher an die Kante, also in Richtung Ferse.

2 Absprung wie beim Ollie: Das Board poppen und aufrichten.

3 Hier kommt der wichtigste Punkt beim Kickflip: Den vorderen Fuß leicht abknicken und zur Kante hin nach vorne herausziehen. Der Flip wird mit den äußeren Zehen der Fußspitze gemacht. Durch Strecken des Fußes nach vorne dreht sich das Board.

4 Ist der Flip ausgeführt, muß man die Füße leicht anziehen, um über dem Board zu bleiben.

5 Hier „catcht" man das Board – es kommt nach vollendeter Drehung wieder an die Füße.

6 Weich landen und in die Knie gehen.

1

2

3

4

5

6

360 Kickflip

1 Beim 360 Kickflip stehen die Zehenspitzen des hinteren Fußes leicht über die Kante des Tails hinaus. Die Schultern sind stärker nach vorne gerichtet als beim Kickflip, genau wie die Zehen von Rolands vorderem Fuß nach vorne zeigen (auf dem Bild sieht man die Innenseite von Rolands Schuh). In die Knie gehen.

2 Hier poppt man das Board wie beim Kickflip nach oben, mit dem Unterschied, daß der hintere Fuß das Board mit den Zehenspitzen nach hinten schiebt, um es 360° zu drehen. Der vordere Fuß knickt am Gelenk ab, um das Board danach zu flippen.

3 Hier sieht man deutlich, wie der vordere Fuß die typische Kickflip-Haltung hat, während der andere vom Poppen nach hinten eingeklappt ist.

4 Der Flip muß schnell genug sein, damit das Board wie hier von alleine wieder an die Füße kommt.

5 Mit nach vorne gerichteter Körperhaltung landen.

6 Abfedern und weiterfahren.

1

2

3

4

5

6

Frontside Pop Shove-it

1 Die Fußstellung beim Frontside Pop Shove-it ist das genaue Gegenteil zum 360 Flip. Der hintere Fuß ist leicht eingezogen, man steht nur mit den Zehenspitzen auf dem Tail, die Ferse steht über. Der vordere Fuß steht dafür auf der anderen Seite, mit den Zehen über die Kante.

2 Die Schultern parallel zum Board halten, in die Knie gehen.

3 Der hintere Fuß poppt das Board nach oben und schiebt dabei das Tail nach vorne, damit es sich frontside dreht. Ein guter Tip ist hier auch, das Board mit der Ferse in die Richtung zu „schieben". Der vordere Fuß ist vollkommen passiv.

4 Hochspringen! Das schwierigste an diesem Trick ist neben dem Poppen auch, die Füße so anzuziehen, daß sie das Board nicht bei der Drehung stören. Das hintere Bein anwinkeln, der vordere Fuß kann nah über dem Board bleiben.

5 Dieser Trick wird zuerst mit dem vorderen Fuß gecatcht. Das ist kontrollierter, und man kann abwarten, wie das Board sich unter den Füßen verhält.

6 Mit beiden Füßen landen und ausfahren.

1

2

3

4
AL

5
AL

AL
6

Frontside Nollie Kickflip

1 Für diesen Trick solltest du bereits einige „Nollie-Erfahrung" gesammelt haben und Flips mit dem hinteren Fuß können. Mit leicht nach vorne geöffneten Schultern anfahren, der vordere Fuß ist dabei auf der Nose, der hintere etwa in der Mitte des Boards in der typischen Kickflip-Position.

2 Das Board an der Nose herunterdrücken wie bei einem normalen Nollie. Wenn die Schultern sich dabei schon frontside drehen, geht der 180 wie von alleine.

3 Das Board mit dem hinteren Fuß flippen. Ziehe ihn zunächst nach hinten heraus, durch die Frontside-Drehung schnalzt er automatisch nach vorne.

4 Drehen lassen und auf das Catchen des Flips konzentrieren. Versuche die Füße nah am Board zu behalten.

5 Mit den Schultern parallel zum Board landen.

6 Abfedern und ausfahren.

1

2

3

4

5

6

Backside Nollie Heelflip

1 Auch hier ist Nollie-Erfahrung und einige Übung nötig. In Nollie-Position anfahren, der hintere Fuß überlappt an den Zehen für den Heelflip. In die Knie gehen.

2 Zuerst mit den Schultern in die Backside-Richtung drehen, dann den Nollie poppen.

3 Sobald du merkst, daß sich das Board aufrichtet und du mit dem hinteren Fuß ziehen mußt, streckst du diesen durch und machst mit der Außenseite deines Schuhs den Flip.

4 Das Board folgt dem Körper backside. Warte, bis du es unter den Füßen spürst.

5 Rückwärts landen; zunächst ist der Körperschwerpunkt über dem vorderen (jetzt hinteren) Fuß.

6 Ausbalancieren und weiterfahren.

1

2

3

4

5

6

Tony Hawk, Pionier heutiger Switch-Tricks

Fakie und Switch

Funktional betrachtet ist ein Skateboard symmetrisch. Es fährt in zwei Richtungen und erfüllt auf beiden Seiten der Achsen seinen Zweck. Von „vorwärts" und „rückwärts" zu sprechen, macht eigentlich keinen Sinn, schließlich steht man seitwärts auf dem Board. Dennoch gibt es natürlich diese Richtungen. Jeder Skater hat seine bevorzugte Position auf dem Board, entweder vorne rechts, also „goofy", oder vorne links, was als „regular" bezeichnet wird. Diese Stellung empfindet man als „vorwärts" oder „normal", ähnlich wie man das Schreiben mit einer bestimmten Hand vorzieht. Aus diesem Grund kann man bis heute bei den meisten Skateboards Nose und Tail identifizieren und folglich „vorne" und „hinten" unterscheiden.

Skateboarding hat sich daher bis vor zehn Jahren nur in eine Richtung entwickelt. Jeder Skater lernte Tricks entweder goofy oder regular, je nach seiner bevorzugten Richtung. Tricks aus der Rückwärtsfahrt werden deshalb auch heute noch als „fakie" bezeichnet. Aber sowohl in der Halfpipe als auch auf der Straße erkannte man, daß diese Einstellung im wahrsten Sinn des Wortes „einseitig" ist. Skateboarding ist immer experimentell gewesen und verändert sich ständig. Die üblichen Tricks auch einmal in der anderen Fußstellung zu probieren, war eine logische Entwicklung. Ein Goofy-Manöver ist für einen Regular-Fahrer ein komplett neuer Trick, und umgekehrt. In den frühen neunziger Jahren kamen so die ersten „Switch"-Tricks auf (damals wurden sie auch als „opposite-footed" oder „switchstanced" bezeichnet). Tony Hawk machte die ersten Airs „andersherum", und auf der Straße sah man switch fahrende Skater wie Mark Gonzales, Andy Howell oder Salman Agah, die Switch Manuals, Switch Ollies und Switch Kickflips machten.

Was zu Anfang wie eine Spielerei erschien, öffnete bald neue Horizonte. Die Boards wurden zunehmend symmetrischer, und die längere Nose machte nicht nur Nollies einfacher. Switch fahren war eine Herausforderung. Mit einem Schlag verdoppelte sich die Zahl der Tricks, die man jahrelang nur vorwärts vom Tail aus machte. Denn theoretisch ist jeder Trick, der „normal" machbar ist, auch „switch" möglich. Das Skateboard wurde auch in der Praxis zu einem symmetrischen Fortbewegungsmittel. Bald wurden auch die schwierigsten Tricks switch gemeistert. Eric Koston machte Switch 360 Flip to Nose-Wheelies, Guy Mariano verblüffte mit Switch Backside Tailslides und Danny Way versuchte sich bald an Switch McTwists in der Halfpipe.

Für das Streetskating bedeutete switch skaten einen noch größeren Einschnitt als für die Halfpipe. Denn im Gegensatz zur Halfpipe sind die meisten Street-Spots nicht symmetrisch. In der Rampe kann man immer gleichermaßen einen Frontside 50/50 und einen Backside 50/50 machen. Anders sieht das bei einem Treppengeländer aus, das vielleicht von der rechten Seite wegen einer Kante im Boden nicht befahrbar ist. Früher war ein normaler Boardslide dann nur für Goofy-Fahrer möglich. Mit der Möglichkeit, Tricks auch switch zu machen, sah das natürlich anders aus. Die Möglichkeiten, bestimmte Spots zu fahren, stiegen erheblich, Skateboarding wurde dadurch deutlich vielseitiger.

Aber ich will hier keine Hoffnungen auf die unendlichen Möglichkeiten beim Streetskaten machen. Für die meisten Anfänger ist das Switch-Fahren noch sehr weit weg. Nur wer weiß, wie schwierig schon ein normaler Kickflip ist, kann erahnen, was es bedeutet, den gleichen Trick gegen jede natürliche Bewegung switch zu machen. Jeder kennt wahrscheinlich das Gefühl, mit der falschen Hand zu schreiben. Ein Rechtshänder braucht Jahre, um halbwegs leserlich mit der linken Hand zu schreiben. Beim Skaten ist das nicht anders. Die Fahrtrichtung betrifft die ganze Koordination des Körpers. Nur durch viel Routine verschwindet irgendwann das Gefühl, falsch herum auf dem Board zu stehen. Als Anfänger hat man da natürlich andere Probleme. Aber es kann nicht schaden, schon früh ein wenig zu üben. Es gibt sogar Skater, die nach einer gewissen Zeit noch „umgelernt“ haben, weil sie dachten, daß ihre Richtung falsch sei. Das ist natürlich die beste Voraussetzung für Switch-Tricks. Aber für den Anfang reicht es, wenn man zwischendurch beim Lernen des Ollies das Ganze auch mal von der anderen Seite betrachtet. Psychologen behaupten zwar, daß Linkshänder, die rechts schreiben gelernt haben, oft psychische Probleme bekommen, aber ich habe noch nie gehört, daß ein Switch 360 Flip mentale Probleme verursacht hat!

Fakie Kickflip

1 Wer normale Kickflips beherrscht, kann sich schon bald an den Fakie Kickflip machen. Er ist nicht viel schwerer. Die Fußstellung ist gleich. Den Körper entweder parallel oder ganz rückwärts halten.

2 Beim Poppen darauf achten, daß der Körperschwerpunkt über dem vorderen Fuß liegt.

3 Der Flip fällt vielen Skatern fakie leichter als normal. Denn der Widerstand des Boards ist durch das schnelle Aufrichten größer. Den Fuß schnell über die Nose ziehen.

4 Catchen! Darauf achten, daß du dabei zentriert über dem Board bist.

5 Landen.

6 Abfedern und Ausfahren.

1
2
3
4
5
6

Switch Heelflip

1 Der Switch Heelflip ist dem Nollie Heelflip sehr ähnlich. Den flippenden Fuß überlappen lassen, die Zehenspitzen schauen über die Kante. In die Knie gehen.

2 Den Körper entweder parallel halten oder leicht „fakie". Der Absprung gleicht dem beim Ollie. Den vorderen Fuß in der Bewegung schon etwas einknicken und auf den Flip vorbereiten.

3 Der vordere Fuß zieht das Board wie beim Ollie gerade, geht dabei aber noch höher und weiter nach vorne. Der Flip kommt durch den Druck auf die Außenkante beim Ziehen zustande.

4 Catchen und das Board mit den Augen verfolgen.

5 Weich landen und in die Knie gehen.

6 Den Trick ausfahren.

1

2

3

4

5

6

Switch Frontside 180 Kickflip

1 Beim Anfahren daran denken, daß du dich frontside 180 drehen mußt. Daher den Körper schon nach vorne geöffnet halten. Vor dem Poppen das Gewicht über den hinteren Fuß bringen. Der Fuß, der den Flip ausführt, steht relativ nah an der Kante auf den Zehenspitzen.

2 Auf diesem Bild hat Vincent den Oberkörper schon nach vorne gedreht. Das Board poppen und den (hier) vorderen Fuß rasch nach oben ziehen. Er streift dabei das Board nur leicht, der Flip geht aber durch die Spannung zwischen Board und Körper wie von alleine.

3 Den Fuß, der das Board flippt, anziehen, der andere ist fast während des ganzen Tricks nah am Board.

4 Hier ist das Board schon fast gecatcht, Board und Körper haben ihre Drehung vollendet.

5 Das Board ist an den Füßen. Nur noch auf die Landung konzentrieren.

6 + 7 Landen und elegant wie Vincent abfedern.

1

2

3

4

5

6

7

Fakie 50/50

1 Der Fakie 50/50 ist ein Basic-Trick, der eine gute Vorraussetzung für andere Tricks ist. Probiere ihn zuerst an einer Ledge, erst später an einem Rail. Mit parallelen Schultern anfahren und die Kante fixieren.

2 Kräftig lospoppen.

3 Ruhig etwas höher ollien als die Kante, dann hast man etwas Zeit, sich richtig zu stellen.

4 Das Board in den Grind setzen. Auf den Zehenspitzen bleiben!

5 Gegen Ende der Ledge oder des Rails leicht nach hinten lehnen (über die Nose), damit man das Board für den Abgang leicht anheben kann.

6 Hier sieht man gut, wie der Abgang funktioniert: Auf die Nose drücken, damit das Board nicht kippt.

7 Während des ganzen Tricks bleibt der Körper parallel zum Board.

8 + 9 In die Knie gehen und ausfahren.

1
2
3
4
5
6
7
8
9

Switch Backside Tailslide

Der Switch Backside Tailslide gehört zu den schwierigsten Tricks an Curbs und Ledges. Hier ist sowohl das Sliden als auch das Hineinpoppen in den Trick nicht zu unterschätzen. Switch ist es ungeheuer kompliziert, die Balance in diesem Trick zu halten. Christian Krone macht ihn mit viel Style und Kontrolle. Er hält seine Arme vorbildlich, parallel zur Kante auf der er slidet. Sein ganzes Gewicht liegt auf dem hinteren Fuß.

Christian Krone

Nosegrind Pop-out

Christian Keil macht einen seltenen und nicht zu unterschätzenden Trick. Er macht seinen Frontside Nosegrind in der Mitte der Ledge und muß für den Abgang über die Kante poppen. Schwierig ist hier weniger der Grind als vielmehr der Abgang. Auf diesem Bild ist die Nose schon etwas unterhalb der Kante. Er holt gerade Schwung, um mit einem Nollie wieder von der Ledge weg und über die Kante zu poppen. Sein hinterer Fuß navigiert das Board durch den Trick.

Wallride

Stefan Lehnert zeigt hier, worum es beim Streetskating geht: Erschließen neuen Terrains. Wallrides werden nicht mehr so häufig gemacht. Der Trick zählt aber zu den Klassikern, den jeder gute Streetskater im Repertoire haben sollte. Schwierig ist dabei nicht nur die Fahrt in der Vertikalen, sondern auch der Abgang. Stefan geht to fakie zurück. Dafür muß er nochmal kräftig auf die Nose drücken, damit sein Tail nicht in den Boden rammt. Seine lockere Körperhaltung verrät viel Boardkontrolle!

Noseslide am Handrail

Handrails sind die ultimative Herausforderung im Streetskating. Wer hier unkontrolliert stürzt, riskiert mehr als ein paar blaue Flecken. Marc Achmüller hat hier noch mehr als die Hälfte des 10 Stufen-Handrails zu sliden. Er steht souverän in diesem Noseslide. Sein Körperschwerpunkt ist genau über dem Board. Marc geht beim Sliden leicht in die Knie, das hilft ihm, bis zum Ende des Rails die Kontrolle zu halten. Achte auf die Konzentration in seinen Augen!

360 Kickflip roof-to-roof

Mehmet Aydins 360 Kickflip von Dach zu Dach verdient eigentlich den Namen „Stunt". Ein solcher Trick ist eine Sache für Profis. Jeder Fehler kann Mehmet teuer zu stehen kommen. Nebenbei seht ihr einen 360 Kickflip in Perfektion. Beide Beine zeigen, was bei diesem Manöver geschieht: Der vordere Fuß ist noch durchgestreckt, die Fußsohlen des hinteren zeigen nach oben. Mehmet beweist Style und Härte in einem Trick.

Casper

Richi Löffler gibt uns eine kleine Demonstration, was man mit einem Board außer Kickflips und Grinds noch so anstellen kann. Der Trick, den er macht, heißt Casper, und kommt eigentlich aus dem Freestyle. Was Richie hier macht, ist Streetskating pur: Der Felsen war nie dazu gedacht, geskatet zu werden, und wahrscheinlich ist noch niemand vor ihm darauf gekommen, dies zu tun. Er ist innovativ und macht Tricks, die über den Standard hinaus gehen. Skateboarding ist spielerisch! Beim Casper macht man einen halben Kickflip und setzt den hinteren Fuß auf das gekippte Tail. Der vordere Fuß stützt das Board, später klappt er es wieder zurück und Richie fährt seinen Felsen wieder rückwärts herunter!

P R

O F

I S

Jamie Thomas mit Kids

Skateboard-Karriere in Deutschland?

Für viele Leute ist es gar nicht so selbstverständlich, daß man mit Skateboarding überhaupt Geld verdienen kann. Laien sind häufig verblüfft, wenn sie erfahren, daß es so etwas wie „Profi-Skater" gibt. Ja, man kann tatsächlich Geld damit verdienen und manchmal sogar davon leben. Die Skateboard-Branche ist im Aufwind, der Sport zählt zu den Trendsportarten. Die Umsätze auf dem Bekleidungs- und Schuhsektor sind beachtlich, und für einige Skater reichen die Gelder, die sie durch Sponsorverträge verdienen, für den Lebensunterhalt – nicht nur in Amerika. Dort ist der Skateboardmarkt länger etabliert, und Profis wie Tony Hawk oder Eric Koston konnten sich durch zahlreiche Verträge schon in jungen Jahren eine goldene Nase verdienen. Aber auch in Deutschland kann man mittlerweile von Skateboarding leben, wenn auch vielleicht nur für ein paar Jahre. Hier wie dort sind die, die es geschafft haben, allerdings große Ausnahmen. Und so unterschiedlich die Märkte in den verschiedenen Ländern sind, das, was man als Karriere bezeichnen kann, gehorcht überall den gleichen Gesetzen.

Es ist hauptsächlich dem „Modetrend Skateboarding" zu verdanken, daß heutzutage wieder einige Skater mit ihrer Leidenschaft Geld verdienen können. Denn in Deutschland ist es lange her, daß Skateboarding allein für den Lebensunterhalt ausreichte. Zuletzt waren es Fahrer wie Claus Grabke, Ralf Middendorf oder Anders Pulpanek, die in den späten achtziger Jahren von dem Boom profitierten und Skateboarding zu ihrem Beruf machen konnten. Sie alle waren Halfpipe-Fahrer, und als solche führten sie den damaligen Trend an. In Deutschland war Skateboarding damals ungemein populär, und die damalige Skategemeinde suchte sich ihre Idole im eigenen Land. Zudem gab es mit Titus Skates zum ersten Mal eine Firma, die Skateboardkarrieren nach amerikanischem Vorbild bastelte. Die Fahrer hatten ihre eigenen Boards, und die Verkaufszahlen eines Ralf Middendorf Pro Models von 1988 konnten mit denen einiger Boards aus Übersee durchaus mithalten. Doch mit dem großen Boom und der Popularität deutscher Fahrer war es schnell vorbei. Skateboarding veränderte sein Gesicht. Streetskaten entwickelte sich rasend schnell, während Halfpipe-Fahren immer mehr in den Hintergrund rückte. Eine große Lücke tat sich auf, denn Streetstyle war nicht attraktiv genug für die große Masse. Eine Halfpipe konnte man in eine Fußgängerzone stellen und zog garantiert eine riesige Menschenmenge an, die mit offenen Mündern die „Akrobaten" auf vier Rädern bestaunte. Streetskating hat diesen Effekt bis heute nicht.

Erst durch das Aufkommen der „Fun"-Sportarten hat sich Skateboarding in Deutschland wieder einigermaßen etabliert. Durch die steigenden Umsätze von Kleidung und Schuhen macht sich das in den letzten Jahren auch für deutsche Skater bemerkbar. Einige Fahrer können ihren Lebensunterhalt wieder mit ihrem Sport verdienen. Stefan Lehnert, Veith Kilbert, Mehmet Aydin oder Florentin Marfaing sind nur ein paar Vertreter der deutschen Skateboard-Elite, die die Nachfolge der großen Halfpipe-Fahrer angetreten hat. Aber die Strukturen der Szene haben sich grundsätzlich verändert. Heutzutage legt der Markt viel mehr Gewicht auf den Absatz von Kleidung und Schuhen. Die Scharen von Jugendlichen, die aus rein modischen Gründen Skateboardkleidung tragen, finanzieren mittlerweile die Profis. Mit Boardsales allein ist eine Profikarriere nicht mehr zu bestreiten. Die heutigen Verkaufszahlen von Skateboards sind mit denen der achtziger Jahre nicht zu vergleichen. Dazu kommt, daß sich ein Großteil des Marktes in Deutschland auf amerikanische Produkte konzentriert. Außer Mehmet Aydin besitzt keiner der oben genannten Skater ein Board mit seinem

Pros beim Signieren auf der Halfpipe

Christoph Inger, Karrierefördernder Backside Five-O

Namen, an dessen Verkauf er beteiligt ist. Deutsche Skater fahren in den meisten Fällen für Vertriebe und werden dafür bezahlt, amerikanische Produkte in Deutschland zu promoten. Es ist klar, daß auf diese Weise die Pros von heute nicht den Stellenwert der großen Namen von damals erreichen können. Bleibt zu hoffen, daß sich dieser Umstand in den nächsten Jahren ändern wird.

Ein großer Traum ist die Pro-Karriere allemal. Kaum einer, der Skateboard fährt, hat sich nicht einmal vorgestellt, wie es wäre, von Skateboarding zu leben und vielleicht ein Board mit dem eigenen Namen zu haben. Auch einfach nur einen guten Sponsor zu haben, ist für viele Skater ein „heiliges" Ziel. Man kann ohne weiteres behaupten, daß Sponsoren im Skateboarding etwa den gleichen Stellenwert haben wie Wettbewerbe in anderen Sportarten. Der Traum, „einmal deutscher Meister zu sein", zählt bei den meisten Skatern nur insofern, als daß man seinen Sport auf diese Weise vor Eltern, Verwandten und Freunden rechtfertigen kann. Wer aber einen hohen Status in der Skateboardszene haben will, muß von erstklassigen Sponsoren unterstützt werden.

Aber das ist natürlich nicht nur eine Frage des Ruhmes. Hier spielen auch praktische Erfordernisse eine Rolle. Skaten ist kein billiger Sport. Ein komplettes Board kostet über 300 Mark, und der Verschleiß ist enorm. Ein Sponsor senkt dabei in erster Linie die Kosten. Das Geld, das man für einen Titel als deutscher Meister bekommt, würde gerade einmal die Materialkosten eines halben Jahres finanzieren! Für viele ist intensives Skaten ohne Unterstützung einfach nicht bezahlbar – wer kann sich schon ohne weiteres mehrere Decks im Monat leisten?

Es ist aber nicht zwangsläufig der beste Skater, der einen Sponsorvertrag bekommt. Viele Skater zerbrechen sich den Kopf über die Frage „Warum gerade der?" Dabei ist das gar nicht so schwer nachzuvollziehen. Warum bietet jemand einem Skater Vergünstigungen an oder schenkt ihm Schuhe oder Boards? Ein gutes Beispiel ist der örtliche Skateshop. Viele Läden sponsoren zum Teil mehrere Skater aus ihrem Ort. Sie geben den Fahrern entweder Prozente beim Kauf von Boards und Kleidung oder bieten die Sachen zum Einkaufspreis an. Ein paar engagierte Shops unterstützen ihre Fahrer sogar, indem sie Waren unter Preis verkaufen oder verschenken. Was verspricht sich ein Skateshop davon? Zunächst einmal fördert das Sponsoring guter Skater aus dem Ort die lokale Skateszene – die Skater werden so motivierter und skaten mehr. Mit erschwinglichen Preisen für Boards muß man nicht mehr auf sein Material aufpassen und kann sich auf das Wesentliche konzentrieren. Kaum ein Skater läßt sich nicht davon beflügeln, in einem Shop-Team zu sein. Hiervon profitiert die gesamte lokale Szene. Es entstehen Vorbilder im Ort, und es kommt eine gesunde Konkurrenz auf, weil auch andere Skater unterstützt werden wollen. Ideal für einen Shop ist daher ein Skater, der gut fahren kann, aber in erster Linie andere Leute mitzieht. Es macht wenig Sinn, jemand zu unterstützen, der mit unglaublichem Talent gesegnet ist, aber von allen anderen geächtet wird und immer nur alleine fährt. Was zählt, ist der Einfluß, den ein Skater auf seine Umgebung ausübt. In jedem Fall will der Shop davon profitieren, daß mehr Leute intensiv skaten und damit eine Skateszene vor Ort entsteht. Und so bildet sich in den allermeisten Fällen eine Symbiose, die für beide Seiten profitabel ist. Ich will hier nicht nur finanzielle Interessen unterstellen. Es gibt einige Skateboard-Läden, die die Sache mit viel Idealismus betreiben. Man darf nicht vergessen, daß ein Teil der Geschäftsleute im Skatebusiness selbst aktiv fährt oder sich dem Sport zumindest stark verbunden fühlt.

Nicht anders sieht es bei den großen Vertrieben und Boardfirmen aus, die ebenfalls Skater unterstützen. Es geht hierbei zwar um spezielle Produkte, für die ein Fahrer Werbung machen soll, aber das Prinzip ist das gleiche. Ein idealer Pro muß Präsenz besitzen. Es geht bei den Sponsorship-Deals darum, Skater zu finden, die Vorbildfunktion ausüben. Nur ein Fahrer, der häufig gesehen wird und eine positive Ausstrahlung hat, „lohnt" sich für eine Firma. Denn in erster Linie geht es darum, daß andere Skater ihr Vorbild imitieren, indem sie sich die Produkte kaufen, die er fährt. Der große Unterschied zum Shop-Sponsor besteht in der Art und Weise, auf die der Skater „präsent" ist. Ein Skater, den ein Skateboardladen unterstützt, sollte im Idealfall vor Ort skaten, vielleicht im Skatepark oder einem beliebten Skatespot. Bei Firmen, die ihre Produkte deutschland- oder europaweit verkaufen, sieht das anders aus. Hier ist Medienpräsenz gefragt. Ein guter Pro ist am besten jeden Monat in fünf Zeitschriften und Videomagazinen gleichzeitig. Es geht darum, daß man einen Skater wiedererkennt und ihn mit bestimmten Produkten in Verbindung bringt. Ein perfekter Pro steht für sein Board oder seine Schuhmarke.

Auch Contests kommen hier ins Spiel. Auf Wettbewerben trifft sich die Skateboardszene, und es ist wichtig, hier einen bleibenden Eindruck zu hinterlassen. Renommierte deutsche Pros wie Stefan Lehnert oder Veith Kilbert waren schon fast überall in Europa auf Contests zu sehen. Ergebnisse sind nicht unbedingt ausschlaggebend. Eine Skateboardfirma bezahlt und unterstützt Skater vor allem dafür, daß sie sich „sehen lassen".

Trotz der vielen Ratschläge sollte klar sein, daß man eine Karriere im Skateboarding nicht planen kann wie eine Beamtenlaufbahn. Neben Skating und einem Händchen fürs Business gehört dazu auch eine gehörige Portion Glück. Man braucht die richtige Unterstützung zur richtigen Zeit. Wer zuviel plant, macht sich dabei vielleicht nur unglücklich. Denn Skateboarding zu einem Beruf zu machen bedeutet noch etwas anderes: Seine Lebenseinstellung aufs Spiel zu setzen. Keep Skateboarding alive!

Lipslide Handrail

Backside Tailslide

Florentin Marfaing

Wahrscheinlich würden die meisten Skater zustimmen, daß Florentin Marfaing der beste deutsche Streetskater ist. Aber da Bezeichnungen wie „der Beste“ einen unangenehmen Beigeschmack haben, lasse ich das mal im Raum stehen. Zweifellos hat sich Florentin in den letzten drei Jahren in die Herzen der meisten Skater gefahren. Er ist sowohl technisch abgerundet als auch ein hervorragender Contest-Skater. Die Tricks, die man monatlich von ihm in Skateboard-Magazinen sieht, sprechen für sich: Lipslide an einem 15-Stufen Handrail oder Tricks wie Switch Heelflip Backside Tailslide Shove-it. Er besitzt eine ausgeprägte Boardkontrolle und einen Style, der selbst harte Manöver einfach aussehen läßt. Florentin gehört auf jeden Fall zu den ganz großen Skatern in Europa und darüber hinaus.

Stefan Lehnert sagte einmal über Florentin, für ihn sei Skaten ein großes Puzzle, dessen Teile er alle besäße und jetzt zusammensetzt. Das trifft die Sache ganz gut. Florentin verfügt über ein Repertoire an Tricks, bei dem man neidisch werden kann. Er macht Kickflips wie Heelflips, Curb-Tricks frontside wie backside. Er fährt gut Switch und hat einen extrem schönen Nollie-Pop. Wenn er einen Trick lernen will, muß er ihn nur aus den Einzelteilen zusammensetzen.

Florentin ist ein gutes Beispiel dafür, wie sehr es hilft, sich von anderen Skatern inspirieren zu lassen. Schon mit 14 Jahren fuhr er mit Fadi und Mussa Naijras, Claus Dieter Span, Mehmet Aydin und anderen Skatern aus dem Ruhrgebiet – die beste Voraussetzung, um sich als Skateboardfahrer weiterzuentwickeln. Er sah schon früh, welche Möglichkeiten es im Skaten gibt und ließ sich von den richtigen Leuten Tips geben. Heute zahlen sich seine Lehrjahre aus. Er ist mittlerweile so gut, daß ihn viele Leute gerne in Amerika sehen würden. Ich bin mir sicher, daß er sich auch dort schnell als Pro etablieren würde. Aber Florentin bleibt seiner zweiten Heimat – er besitzt einen französischen Paß – treu und pusht die Skateboardszene hier in Europa.

Vielleicht haben sich einige von euch schon mal gefragt, was in einem vor sich geht, der so gut fährt wie Florentin. Es sieht so aus, als ob er einfach skatet und sein Gehirn dabei abschaltet. Aber wer ihn kennt, weiß, daß er ein Skater ist, der viel über Tricks und Techniken nachdenkt. Aus diesem Grund gehörte er von Anfang an zu meinen Favoriten für dieses Kapitel. Er hat uns also einiges zu sagen.

Was ist für dich der erste Schritt, wenn du einen Trick probierst?

Wenn ich einen Trick machen will, dann stelle ich ihn mir immer erst bildlich vor. Ich habe eine genaue Vorstellung davon, wie er auszusehen hat. Das hat wahrscheinlich jeder. Aber ich steigere mich nicht sinnlos in etwas hinein. Ich überlege mir vorher genau, wieviel Kraft es kostet, den Trick zu machen. Denn theoretisch ist alles möglich. Aber alles hat seinen Preis. Das ist eine ganz einfache Rechnung.

Vielleicht nicht für jeden Skater. Was ist mit Anfängern?

Man sollte auf jeden Fall die Basis eines Tricks kennen. Das ist sehr wichtig, vor allem bei schwierigen Tricks. Man kann keinen Switch Tailslide Heelflip off lernen, ohne dabei die einzelnen Tricks zu können. Man muß sich immer überlegen, wie realistisch ein Trick ist.

Und wie überlegst du dir, welche Tricks du machst? Wie findet man sein eigenes Skaten?

Ich lasse mich immer inspirieren. Es gibt unendlich viele Tricks, und jeder hat seine Specials. Wenn ich mit anderen Skatern fahre oder ein Video anschaue, sehe ich manchmal einen Trick, der mir gefällt. So macht das glaube ich jeder. Man findet irgendwie aus allen Tricks, die es gibt, sein eigenes Skaten. Das ergibt sich ganz von alleine.

Wie gehst du an harte Sachen heran – Handrails und Stufen?

Das ist eine ganz andere Sache. Einen derben Trick, zum Beispiel ein Handrail, mache ich nur, wenn ich ihn wirklich „fühle", also wenn genügend Selbstbewußtsein da ist. Wenn man etwas Hartes probiert, sollte man wissen, daß man es kann. Man darf aber auch nicht zu lange warten. Zuviel nachdenken kann auch hinderlich sein.

Wie war das bei dem 15er-Handrail?

Das war eine ganz einfache Rechnung. Ich habe das Handrail gesehen und mich gefragt, ob es machbar ist. Ich habe geschaut, wie hoch das Rail ist und wie lang. Ich habe gewußt, daß ich in den Lipslide komme, und konnte mir vorstellen, ungefähr so lange die Balance zu halten. Bei der Anfahrt sah das natürlich anders aus. Ich habe wegen der Höhe der Stufen den Boden nicht mehr gesehen. Aber ich habe mir immer wieder eingeredet, daß das nur ein Bild ist. Von oben sieht ein Rail nun mal härter aus. Dann hat es beim zweiten Versuch geklappt!

Und überlegst du dir auch, was passieren würde, wenn der Trick mal nicht klappt?

Ich denke darüber normalerweise nicht so viel nach, weil das dem Selbstvertrauen schadet. Aber es gibt natürlich bestimmte Regeln. Ich weiß immer relativ genau, was ich nicht machen darf. Bei einem Lipslide an einem Handrail heißt das einfach: Nicht absteigen, unter keinen Umständen!

Backside 50-50

Switch Backside 180

Jan Kliewer

Jede Stadt hat ihre eigenen Helden. Über sie kursieren die wildesten Geschichten. Manchmal sind sie wahr, meistens grenzenlos übertrieben. Ich werde immer skeptisch, wenn ich von einer Horde Skater höre, daß X „an dieser Mauer schon Kickflip Backside Nosebluntslide“ gemacht haben soll. Gerüchte entstehen schnell.

Jan Kliewer war die perfekte Inkarnation dieses „local hero“. Gerüchte über seine Fertigkeiten verbreiteten sich über das ganze Land, es kursierten Fabeln über Kickflip Backside Nosebluntslides und ähnliche Tricks. Allerdings hatte die Sache einen Haken: Niemand hatte ihn wirklich gesehen. Er fuhr keine Contests, hatte keine Fotos in Magazinen und machte sich auch sonst rar. Es gab nur die Erzählungen über ein Göttinger Wunderkind. Das änderte sich schlagartig, als Jan beschloß, seine Boards nicht mehr zu kaufen und etwas für seine „Karriere“ zu tun. Er erschien 1997 auf einem Contest in Frankfurt und zeigte, was wirklich hinter dem Mythos Jan Kliewer steckt. Er sorgte bei der anwesenden europäischen Skateboardszene für Erstaunen und ist seither eines der Lieblingsmotive aller Skateboardfotografen und -filmer. Jan gehört heute zu den großen Persönlichkeiten des europäischen Skateboarding. Der „hero“ ist schon lange nicht mehr „local“.

Jan Kliewers Name steht für anspruchsvolles und technisches Streetskating. Mit seinem lockeren und flüssigen Style ist er für viele Fahrer zum großen Vorbild geworden, denn er beweist, daß schwierige Tricks nicht unbedingt verkrampft und unsicher aussehen müssen. Jan hat seine Basics gelernt. Er ist keiner der Skater, die ohne Grundlagen drauflosfahren und unmögliche Tricks probieren. Viele technisch orientierte Skater haben dasselbe Problem: Sie fahren oft einseitig, das heißt, sie können zwar bestimmte Tricks sehr gut, haben aber keine allgemeine Boardkontrolle. Jeder, der Jan einmal beim Aufwärmen gesehen hat, weiß, daß sein Repertoire scheinbar unerschöpflich ist und er fast jeden Trick beherrscht – ob nun Hurricane Grinds oder Wallrides. Auf ihn trifft der oft gebrauchte Begriff „well rounded" zu. Er geht mit seinem Board derart spielerisch um, daß man sich schnell ausrechnen kann, daß bei ihm fast jeder Trick im Bereich des Möglichen liegt. Daß er trotz seines Talents und Könnens kein ausgesprochen guter Contest-Skater ist, kann ihm wohl niemand übel nehmen. Seine Ergebnisse stehen in keinem Verhältnis zu seinem Können. Es ist kein Geheimnis, daß Jan zu den besten Skatern zählt, die je in Deutschland gefahren sind.

Jan Kliewer denkt nicht nur beim Skaten über Motivation, Lerntechniken und Verletzungen nach. Er ist Sportstudent und überträgt sein theoretisches Wissen auf seinen Sport – und umgekehrt: Als Dozent führt er Studenten und Professoren in die Geheimnisse des Skateboarding ein und gibt Kurse für Anfänger. Als technisch herausragender Skater leistet Jan zwangsläufig auch auf dem Skateboard Denkarbeit. Bei einem kurzen Interview über seine wohlgehüteten Geheimnisse stand er mir Rede und Antwort.

Du bist ein Skater mit einem enorm großen Repertoire. Woher kommen deine Ideen für neue Tricks?

Das ist ganz unterschiedlich. Viele Tricks entstehen bei mir aus Zufall. Ich probiere etwas, und aus einem Fehler wird ein neuer Trick. Ich versuche, offen zu sein, manchmal passieren Tricks einfach. Wenn man ein paar Stufen herunter einen Nollie 180 machen will und überdreht ein bißchen – Nollie 360. Natürlich lerne ich auch viel von anderen Skatern. Man läßt sich inspirieren. Jeder hat seine speziellen Tricks und führt sie auf seine Weise aus. Man kann viel von anderen lernen.

Wie gehst du vor, wenn du einen Trick übst?

Ich kann sehr hartnäckig sein. Ich versuche einen Trick so oft, bis er klappt. Trial and Error – man macht einen Fehler, erkennt ihn und versucht es noch einmal. Irgendwann hat man es raus, und der Trick klappt, zumindest in der Theorie! Aber diese Einstellung ist nicht immer gut. Ich kann mich auch festbeißen! Manchmal will ein Trick einfach nicht gelingen, und dann stehe ich da und übe, und letztlich geht es doch nicht!

Skatest du mit dem Kopf oder nach Gefühl?

Das kommt auf die Situation an. Wenn mich ein bestimmter Trick reizt, dann kann ich mich, wie gesagt, festbeißen. Aber normalerweise höre ich auf mein Gefühl. Man spürt schon irgendwie, ob man den Trick „auf dem Fuß" hat oder nicht. Unter Umständen kann ich einen Trick, der einmal zu meinem Repertoire gehört hat, über Monate nicht mehr so richtig, und plötzlich ist er wieder da. Man sollte sich nicht aufregen, wenn ein Trick auf einmal nicht mehr klappt. Der kommt wieder!

Wie motivierst du dich für Handrails und andere harte Sachen?

Irgendwie sollte man vorher schon spüren, ob es geht. Aber mulmig ist einem eigentlich immer. Schließlich kann man sich bei solchen Sachen wirklich schwer verletzen. Das wichtigste ist die Stimmung zu diesem Zeitpunkt. Da kann man sich sehr stark selbst beeinflussen, zum Beispiel indem man sehr intensiv an den Trick denkt und eine hohe Konzentration aufbaut. Dann verschwindet auch die Angst. Am besten ist es aber immer, wenn viele andere Skater dabei sind. Die verrücktesten Tricks gelingen, wenn eine wirklich gute Session im Gange ist. Andere Skater können einen enorm pushen. Jeder macht unterschiedliche Tricks, und man verliert unnötigen Respekt vor Dingen, die man vielleicht noch nicht probiert hat.

Backside Smith Grind

Roland Oppenheimer

Roland Oppenheimer ist mir zum ersten Mal beim Etnies-Cup 1999 aufgefallen. Sein lockerer Style und seine besondere Art, Tricks auszuführen haben mir und wahrscheinlich auch jedem anderen Zuschauer imponiert. Mühelos und leichtfüßig sind Worte, die Rolands Style wohl am besten treffen. Vielleicht ist das der Grund, daß viele ihn damals in die Kategorie „Hallen-Skater" gesteckt haben, ihn also für jemanden hielten, der zwar in Skateparks glänzt, aber auf der Straße eher mäßig fährt. Dieses Vorurteil hat Roland mehr als widerlegt.

Seine Skills im Streetskating zeigt er mittlerweile auf jedem Terrain, schließlich liegen seine Wurzeln auf der Straße. Er ist fester Bestandteil der Ingolstädter Crew, einer Clique sehr guter Streetfahrer, mit denen er täglich fährt. In den zehn Jahren, die Roland selber Skateboard fährt, ist er nur in Ausnahmefällen in Skateparks gefahren. Nach eigenem Bekunden meidet er vorgefertigte Anlagen sogar, wo immer es geht. Nur der Winter treibt ihn in die Halle.

Dieser Umstand mag viele Skater verblüffen, denn er gehört seit der Contest-Saison 2000 zu den besten Wettbewerbs-Skatern im deutschen und europäischen Skateboarding. Er gewann den C.O.S. Cup 2000 in Hof und ist 1999 Vize-Europameister geworden. Contests skatet er so souverän, daß es den Anschein hat, als würde er seine Zeit damit verbringen, sie vorzubereiten. Aber Roland hat einfach nur das richtige Gespür für Wettbewerbe.

In einem kurzen Interview habe ich Roland Oppenheimer gefragt, was in ihm vorgeht, wenn er Wettbewerbe fährt, und was man für einen guten Run beachten muß.

Stört es dich, daß man dich oft für einen reinen Contest-Skater hält?

Eigentlich ist es mir egal, ob die Leute das denken. Ich frage mich nur, warum das so ist. Denn ich fahre fast nur Street. Hallen und Skateparks besuche ich hauptsächlich im Winter, wenn man draußen nicht fahren kann. Während der Woche skate ich immer an den Curbs am Hallenbad in Ingolstadt.

Woher kommt deine Souveränität auf Contests? Du scheinst kaum aufgeregt zu sein.

Das stimmt. Die meisten Contests können mir nicht viel anhaben. Das ist eine alte Sache. Das kommt glaube ich daher, daß ich den ersten Contest, den ich gefahren bin, gewonnen habe – und den gleichen dann auch in den nächsten zwei Jahren!

Kommt es dennoch vor, daß du so richtig aufgeregt bist?

Ja, klar! Aber nur bei richtig großen Contests. Für mich gibt es im Prinzip drei Ebenen. Da sind zum einen die Wettbewerbe in der Provinz, irgendwelche Local-Contests, wo nur Skater aus der jeweiligen Gegend teilnehmen. Dann gibt es die deutschland- oder europaweiten Contests wie zum Beispiel den Etnies-Cup in München oder die C.O.S. Cups. Zum anderen gibt es dann aber auch die richtig großen Pro-Contests wie den World Cup in Dortmund oder den Grand Prix in Lausanne. Da habe ich immer noch Angst. Ich erinnere mich noch an den letzten Wettbewerb in Lausanne, als ich neben Eric Koston, einem meiner größten Vorbilder, stand und mein Name aufgerufen wurde. Ich habe mir fast in die Hose gemacht und mir immer wieder vorgestellt, daß er jetzt zusieht, wie ich meinen ersten Trick baile! So war es dann auch!

Erzähl mal, wie das so war 1999 in Münster Zweiter bei den Europameisterschaften zu werden!

Eigentlich hatte ich mir darüber nicht viele Gedanken gemacht. Ich wollte am Anfang nur so gut fahren, daß ich mich für den

World Cup qualifiziere. Der Run hat dann auch geklappt, aber ich hätte nie gedacht, daß ich so weit kommen würde. Ich weiß noch genau, wie ich mit meinem Freund Max die Listen der Vorentscheidung angesehen habe und meinen Namen nicht finden konnte. Ich habe gar nicht so weit oben geschaut. Dann habe ich echt gedacht, ich wäre nicht weiter gekommen – bis Max sagte: „Schau nochmal hin." Ich war tatsächlich als Erster qualifiziert und habe dann im Finale den zweiten Platz gemacht!

Was geht dir durch den Kopf, bevor du einen Run fährst?

Ich habe mir da ein paar Grundregeln zurechtgelegt, natürlich gelten die nur für mich. Jeder Skater geht auf andere Weise an Contests heran. Ich versuche zunächst, einen Run zu fahren, bei dem ich jedes Obstacle nutze. Irgendwie kann man ja an jedem Ding mindestens einen Trick machen. Das Ganze sollte natürlich zusammenpassen, damit man den Run flüssig fahren kann. Ich denke meinen Run immer bis zum Ende durch, so ungefähr wie die Jungs in der Rodelbahn. Da muß alles stimmen. Was den Aufbau angeht, ist für mich wichtig, daß der erste Trick einfach ist und ich ihn auf jeden Fall schaffe, oder daß es einer ist, der viel Power in Anspruch nimmt. Dann habe ich ihn hinter mir. Kurz vor meinem Run versuche ich mich entweder völlig abzulenken oder ich konzentriere mich extrem, gehe in eine Ecke und starre auf einen Punkt. Das geht auch!

Wie wichtig ist dir deine Plazierung?

Früher war mir das völlig egal, und ich habe mir überhaupt keine Gedanken gemacht. Heute ist das schon anders, schon allein wegen des Geldes, das man gewinnen kann. Wer einmal mit einer größeren Summe nach Hause gefahren ist, hat Blut geleckt. Sonst würde ich auch nie einen Contest fahren. Die Parks sind meistens schlecht, und es ist viel zu voll. Auf der anderen Seite ist das o.k. wegen der Leute, die man dort trifft.

Glossar

Air: Sprung aus einer Rampe.

backside: Hier dreht sich der Fahrer mit dem Rücken in Fahrtrichtung. Siehe „frontside“.

Bail/Slam: Ein Bail ist ein nicht-gestandener Trick, bei dem man noch genug Kontrolle behält um auszulaufen, während ein Slam einen richtigen Sturz bezeichnet.

Bank: Jede Art von Schräge, die man zum Skaten nutzen kann.

Bluntslide: Bei diesem „Slide“ rutschen nur die Rollen auf der Oberfläche eines Hindernisses. Das „Tail“ oder die „Nose“ berühren die „Ledge“ zur Stabilisation.

Boardslide: Ein Trick, bei dem die Unterseite des Boards zwischen den Achsen auf einem Gegenstand, z.B. einem „Rail“, entlang rutscht.

Catchen: Auffangen des Boards mit den Füßen bei einem „Flip“-Trick.

Contest: Wettbewerb.

Crooked Grind: Wie beim „Nosegrind“ steht man auf der vorderen Achse, aber das Board liegt etwas schräg, fast in einen „Noseslide“ gedreht. Von dieser „gekrümmten“ Stellung der Achse hat der Trick seinen Namen.

Curb/Ledge: Diese Ausdrücke umfassen alle möglichen Kanten aus Beton, Metall oder Holz, die sich für „Slides“ und „Grinds“ eignen. Das kann sowohl ein Gehsteig sein als auch ein Blumenkübel.

Downhill: Die einfachste Form, mit dem Skateboard Spaß zu haben. Man fährt, wie der Name schon sagt, mit dem Board einen Berg hinunter. „Downhill“ bezeichnet auch eine alte Wettbewerbsdisziplin, bei der man eine hügelige Strecke im Liegen befährt.

Fakie: Fahrtrichtung. Man fährt „rückwärts“.

Feeble Grind: Eine Mischung aus Slide und Grind: Die hintere Achse grindet, während die vordere Achse über die Kante hängt während das Board auf dem Rail oder Curb aufliegt.

50/50: Fifty/Fifty. Man grindet mit beiden Achsen auf einer Kante.

Five-O: Ein Grind auf der hinteren Achse.

Flip: Board dreht sich um die Längsachse. „Fliptricks“ sind Bestandteil vieler technischer Manöver.

frontside: Eine der beiden Drehrichtungen von Board oder Körper. Tricks, bei denen sich in der Vorwärtsfahrt die Brustseite in die Fahrtrichtung dreht bezeichnet man als „frontside“. Fährt man rückwärts, verkehrt sich die Regel ins Gegenteil. Die gleichen Richtungsbezeichnungen gelten für das Board.

Funbox: Speziell für Skateboarding gebautes Hindernis. Verschiedene „Banks“ oder Rampen stehen sich in einem Viereck gegenüber. In der Mitte steht eine befahrbare Plattform.

goofy/regular: Grundstellungen auf einem Skateboard. Wenn der rechte Fuß vorne steht, bezeichnet man diese Position als „goofy“, links vorne ist „regular“. Jeder Skater hat seine bevorzugte Stellung, beide sind richtig.

Grind: Beim „Grinden“ schleifen die Achsen des Boards auf der Kante einer „Ledge“ oder eines „Rails“. Je nach Position der Achsen gibt es unterschiedliche Tricknamen: z.B. Five-O Grind oder „Crooked Grind“.

Griptape: Rauher Belag auf der Oberseite eines Skateboards. Verleiht Standfestigkeit.

Halfpipe: Rampe mit zwei sich gegenüberliegenden Seiten. Sie hat die Form eines großen Us und ist zwischen drei und vier Metern hoch. Neben „Street“ die andere große Disziplin beim Skateboardfahren.

Handrail: Treppengeländer/Handlauf.

Kicktail/Tail: Der hintere, nach oben gebogene Teil des Boards, den man zum Manövrieren braucht. Erst durch das „Tail“ sind „Ollies“ möglich.

Ledge: Siehe „Curb“.

Lipslide: Statt der Vorderachse, muß man bei diesem „Boardslide“ die hintere Achse über die Kante heben.

Manual: Siehe „Wheelie“.

McTwist: Trick in der Halfpipe, bei dem man sich um 540° dreht. Erfunden hat ihn Mike McGill 1985. Er zählt heute noch zu den schwersten Tricks in der Halfpipe.

Nollie: Ein „Nollie“ ist ein „Ollie“, den man in der Vorwärtsfahrt von der „Nose“ macht. Er ist das Äquivalent zum „Fakie Ollie“.

Nose: Gegenstück zum „Tail“, der nach oben gebogene Bereich an der Vorderseite des Boards.

Noseslide: Siehe „Tailslide“.

Obstacle: Hindernis, das beim Streetskating genutzt wird. In den meisten Fällen handelt es sich um Rampen oder Geländer in Skateparks, also eigens für Skateboarding entwickelte Gegenstände.

Ollie: Das Springen mit dem Skateboard. Siehe „Pop“.

180/360: Onehundredeighty/Threehundredsixty. Angaben zur Drehung von Board oder Körper. „180“ bezeichnet eine Rotation von 180°, „360“ eine volle Umdrehung.

Pop: Früher hieß der einfache Ollie auch „Ollie Pop“. Heute bezeichnet das Wort „Pop“ das Abspringen bei einem Trick. Darüber hinaus ist ein guter „Pop“ gleichbedeutend mit großer Absprungkraft von Board und Skater.

Quarterpipe: Freistehende Rampe mit einer runden Krümmung, auch „Quarter“.

Rail: Jede Form von Geländer oder Rohr auf dem man „grinden“

oder „sliden“ kann. Meist sind „Rails“ aus Metall.

regular: Siehe „goofy“.

Revert: Zusätzliche Drehung am Ende eines Tricks, meist um 180°.

Shove-it: Hier dreht sich das Board unter den Füßen ohne zu flippen. Shove-its kann man backside und frontside machen.

Slam: Siehe „Bail“.

Slide: Bei diesem Trick rutscht ein Teil des Boards auf einem beliebigen Gegenstand. Der Name des Tricks richtet sich nach der jeweiligen Art und der Stelle des Rutschens, z.B. „Tailslide“ oder „Lipslide“.

Spot: Jeder Ort, an dem man skaten kann.

Switch/Opposite-footed: Beim „Switch“-fahren wird ein Trick spiegelverkehrt ausgeführt. Wer „goofy“ fährt, macht den Trick „regular“, und umgekehrt. Der Trend, Manöver in beide Richtungen zu lernen, kam in den frühen neunziger Jahren auf.

Tailslide/Noseslide: Der „Slide“ findet auf „Nose“ oder „Tail“ statt, die Rollen der Achse berühren dabei die Seite des „Obstacles“.

Transfer: Sprung von einer Rampe auf die andere.

Wallride: Hier fährt man mit dem Skateboard an einer senkrechten oder fast senkrechten Mauer. Einer der ältesten Tricks, erfordert aber viel Gefühl und Übung.

Wheelie: Man balanciert das Board so, daß man auf einer Achse fährt, auch „Manual“.

Holger von Krosigk /
Helge Tscharn

ELEMENTS OF STREET
Skateboard Streetstyle Book 2

160 Seiten, zahlr. Abb., broschiert
ISBN 3-932170-66-0   12,80 €

Skateboarding hat schon immer eine besondere Anziehungskraft besessen. Für die meisten Skater besteht der Reiz darin, mit einem Board und viel Fantasie die Straßen und Architektur unserer alltäglichen Umwelt zu erobern. Streetskating bedeutet den urbanen Raum nutzbar zu machen; die Möglichkeiten dazu sind schier endlos.

Kontrolle über das eigene Board und das Beherrschen von Tricks sind eine Seite dieses Sports, Kreativität und der richtige Blick für „Spots“ eine andere, mindestens ebenso wichtige. Während Holger von Krosigk in seinem ersten Buch „Absolute Beginners“ die grundlegenden Tricks und die Philosophie des Streetskatings erläutert, geht er in „Elements of Street“ einen Schritt weiter.

Hier zeigt er mit seiner langjährigen Profi-Erfahrung, wie man mit einem Skateboard und ein wenig Können die unterschiedlichen Elemente der Straße nutzen kann: Wie fährt man Rails, Curbs oder Stufensets? Was für Möglichkeiten haben die Obstacles im heimischen Skatepark zu bieten? Wie benutzt man einen selbstgebauten Kicker oder eine Quarterpipe? „Elements of Street“ läßt keine Facette aus.

Wer Interesse an Skateboarding hat und Anregungen einer Anleitung vorzieht, wird viel Spaß an diesem Buch haben.

Tony Hawk

BERUF: SKATEBOARDER

Aus dem Amerikanischen
von David Luther
352 Seiten, zahlr. Abb., broschiert
ISBN 3-932170-46-6 15,80 €

In seiner Autobiographie wirft der wohl bekannteste Skateboarder aller Zeiten einen Blick hinter die Kulissen von Wettbewerben, Demos und Filmen und erzählt auch von den weniger glamourösen Seiten des Skaterlebens – von einem Auftritt im italienischen Fernsehen, nur mit durchsichtigen Plastikshorts bekleidet, bis zu einer Show in Brasilien nach einer mehrtägigen Lebensmittelvergiftung. Er mußte sich mit Teamkollegen herumschlagen, die sich und diverse Gegenstände anzündeten und mit brennendem Armaturenbrett in einem Kleinbus den Highway entlangdüsten. Er war den unberechenbaren Schwankungen der Skateboardbranche unterworfen, die sein Jahresgehalt in kurzer Zeit auf sein vorheriges Monatsgehalt schrumpfen ließen, nur um dann wieder in den siebenstelligen Bereich zu schnellen. Was ihm jedoch am meisten zu schaffen machte, war der Tod seines größten Fans und Rückhalts, seines Vaters Frank Hawk.

Mit schonungsloser Ehrlichkeit erzählt Tony Hawk von Liebe und Verlust, von schlechten Frisuren, den peinlichen Klamotten der 80er Jahre, von der Entschlossenheit, die sein Leben prägte. Mit seinem Blick zurück auf die Skateboardlegenden der 70er, 80er und 90er Jahre – darunter Stacy Peralta, Eddie Elguera, Tommy Guerrero, Steve Caballero, Mark Gonzales, Bob Burnquist und Colin McKay – erzählt er die wahre Geschichte des Skateboarding.

ISBN 3-932170-42-3

Als Informations- und Bezugsquelle für Skateboarding den Titus Magalog:
Tel.: 0251 - 777 111, www.titus.de

Fordern Sie kostenlos unser Verlagsverzeichnis an:
Tel.: 0221 - 399 20 71

Monster Verlag
Dahlweg 126
48153 Münster
www.monster-verlag.de

Tropen Verlag
Maastrichter Str. 46
50672 Köln
www.tropen-verlag.de

Der Autor dankt herzlich allen Fahrern, die mit viel Einsatz und Idealismus ihre Tricks für dieses Buch gezeigt haben, insbesondere Jan, Roland und Florentin für die Interviews. Für Anregungen geht Dank an Jan Kliewer, Christian Keil und vor allem Tina, die stets ein offenes Ohr für alle Zweifel bewahrt hat. Danke auch an meine Eltern, die mich immer unterstützt haben.
Titus Dittmann gebührt ganz besonderer Dank dafür, daß er neuen Ideen stets aufgeschlossen gegenübersteht.